民事证据研究

MINSHI ZHENGJU YANJIU

李自玉 著

四川大学出版社

项目策划：梁　平
责任编辑：李勇军　梁　平
责任校对：傅　奕
封面设计：胜翔设计
责任印制：王　炜

图书在版编目（CIP）数据

民事证据研究 / 李自玉著 . 一 成都 ：四川大学出
版社，2021.3（2024.6 重印）
ISBN 978-7-5690-2531-6

Ⅰ . ①民… Ⅱ . ①李… Ⅲ . ①民事诉讼－证据－研究
－中国 Ⅳ . ① D925.113.4

中国版本图书馆 CIP 数据核字（2018）第 247303 号

书名	民事证据研究
著　　者	李自玉
出　　版	四川大学出版社
地　　址	成都市一环路南一段 24 号（610065）
发　　行	四川大学出版社
书　　号	ISBN 978-7-5690-2531-6
印前制作	四川胜翔数码印务设计有限公司
印　　刷	永清县晔盛亚胶印有限公司
成品尺寸	148mm×210mm
印　　张	7
字　　数	189 千字
版　　次	2021 年 3 月第 1 版
印　　次	2024 年 6 月第 2 次印刷
定　　价	58.00 元

◆ 读者邮购本书，请与本社发行科联系。
　电话：(028)85408408/(028)85401670/
　(028)86408023　邮政编码：610065
◆ 本社图书如有印装质量问题，请寄回出版社调换。
◆ 网址：http://press.scu.edu.cn

四川大学出版社
微信公众号

前　言

　　民事诉讼是法院代表国家解决民事纠纷的公力救济方式，民事证据是民事诉讼中的核心内容。民事证据规则的完善是伴随着民事诉讼立法的完善而不断完善的。笔者在进行民事诉讼的教学和研究工作中，一直对于民事证据的法律规定、理论研究及司法实践都非常关注并且提出了一些自己的浅见。笔者将这些观点进行了归纳总结，完成了本书的写作。本书的特点是：第一，反映了目前我国民事证据的最新的法律法规和司法解释。2002 年最高人民法院的《关于民事证据的若干规定》是我国民事证据规定的里程碑，其内容既是我国民事审判实践有关民事证据运用的经验总结，又是我国民事证据理论研究成果的总结。然而这个规定适用将近 10 年后，出现了与我国司法实践不相适应的情况。2012 年的《中华人民共和国民事诉讼法》和 2015 年最高人民法院发布的《关于适用〈中华人民共和国民事诉讼法〉的解释》对于民事证据的许多规则进行了完善。笔者在本书中将这些新规定进行了分析，并且对于进一步完善我国民事证据制度提出自己的见解。第二，为司法实务提供更好的操作方法。民事证据的每一个研究课题都是围绕着司法实践中如何更公正、更高效地解决民事纠纷进行的。笔者正是围绕民事证据的认定程序，围绕我国的民事审判的改革讨论问题，希望提出的建议能够为我国的司法改革提供帮助。

笔者在写作过程中，参考了许多同仁们的科研成果，在此一并感谢。此外，西南石油大学法学院的张建鹰老师、洪晓华老师为作者的研究提供了许多帮助，在此表示感谢。最后要感谢四川大学出版社为本书的出版给予的大力支持。

本书也是"校社专项 086 审判中心主义路径研究"课题的阶段性成果。

著　者

目　录

第一章　民事证据的概述

民事诉讼是法院代表国家解决民事纠纷的公力救济方式，民事证据是民事诉讼中的核心内容。民事证据规则是伴随着民事诉讼立法的完善和民事证据立法的完善而不断完善的。新中国成立以来，关于民事诉讼的正式立法已经从 1982 年的《中华人民共和国民事诉讼法（试行）》（以下简称《82 年民事诉讼法》）、1991 年的《中华人民共和国民事诉讼法》（以下简称《91 年民事诉讼法》）、2007 年的《中华人民共和国民事诉讼法》（以下简称《2007 年民事诉讼法》），发展到 2012 年的《中华人民共和国民事诉讼法》（以下简称《民事诉讼法》）。2015 年最高人民法院发布了《关于适用〈中华人民共和国民事诉讼法〉的解释》（以下简称《民诉法解释》）。民事证据的司法解释，比较典型的是 2002 年最高人民法院所作《关于民事证据的若干规定》（以下简称《民事证据规定》）。这些不断修正的民事诉讼法和民事证据条文以及司法解释，从时间上历时 30 多年，反映了我国 30 多年的民事证据研究成果，一定程度上解决了老百姓在民事纠纷中的举证困难问题。然而民事纠纷无论是种类还是形式都在不断地增加、变化，民事证据学理论和实践需要解决的问题仍然很多，民事证据学研究仍然需要不断深入。此外，2017 年 3 月 15 日第十二届全国人民代表大会第五次会议通过、2017 年 10 月 1 日生效的《中华人民共和国民法总则》（以下简称《民法总则》）对有关民事诉讼的内容也进行了进一步的修改，其中也涉及民事证据的内容。因此，笔者在详细论述最新的民事证据体系、民事实体法的最新规定的基础上，针对目前民事证据中的热点、难点问题，提出自己的观点，为民事证据的研究奉献微薄之力。

一、民事证据的概念

"证据"一词在日常生活中使用得非常广泛，但是由于其在法律领域中所具有的重要地位和相当高的使用频率，在很大程度上，"证据"仍然是法律领域的专门术语。《辞海》对"证据"的解释是"法律用语，据以认定案情的材料"。"证据"一词在汉语中的准确起源已很难考证。在古汉语中，"证""据"二字往往分开使用。其中，"证"字在内涵上一如现代的证据，但多指人证；"据"字则意为依据或根据。如《唐律》中就有"据众证定罪"的表述。到了清代，刑律中也有"众证明白，即同狱成"等规定。辛亥革命以后，随着白话文的推广，"证""据"二字才逐渐合并为一个词使用，并多出现在与法律有关的文献中。可见，非法律领域对证据一词的理解通常也是以法律领域的证据概念为基础的，其实质上是在借用法律术语。

由于目前我国民事诉讼法对于民事证据的概念没有作出明确的规定，造成对于民事证据的概念众说纷纭的现状，形成不同的学说。其一，材料说。该说把证据界定为证明案件事实的材料，主要观点是：证据是一切用来证明案件事实情况的材料。其二，事实说。该说把证据界定为一种用来证明案件情况的事实。如英国法学家边沁认为，在最广泛意义上，可以把证据假定为一种真实的事实，即成为相信另一种事实存在或不存在的理由的当然事实。美国证据法学家威格莫尔也提出，证据是任何一件或一组可知的事实，而不是法律或伦理的原理。这一学说在我国当代诉讼法学界最具影响力，不少学者都是在这一框架内对证据加以界定的。其三，根据说。该说把证据界定为证明案件事实的根据。如我国台湾地区有学者认为，证据是足以使法院认定当事人的主张为真实的凭据。我国大陆也有一些学者持此种观点，认为证据是指用来证明案件真实情况、正确处理案件的根据。这种观点在司法实践中也得到了一些部门的认可。如最高人民法院1984年8月30日颁布的《关于贯彻执行〈民事诉讼法（试行）〉若干问题的意见》第四部分明确指出："证据是查明和确定案件真实情况的根据。"其四，统一说。作为一种折中的说法，该学说强调证据内容与形式的统一。统一说又形成不同的观点。如有观点认为，证据是证据的内容与证据的形式的统一，是以法律规定的形式表现处理的能够证明案件真实情况的一切事实。还有学者认为，从证据所反映的内容看，证据是客观存在的事实；从证明关系看，证据是证明案件事实的凭据，是用来认定案情的手段；从表现形式看，证据必须符合法律规定的表现形式，诉讼证据是客观事实内容与表现形式的统一。其五，学术上有种观点认为，所谓民事证据是指能够证明民事案件真实情况的各种客观事实，这种客观事实包括了以下内容：第一，证据方法。所谓证据方法，是指能够被法官基于五官作用而感知，并能够进行证据调查的有形物（人或物）。某一有形物符合法律的规定，进入民事诉讼领域成为法官证据调查对象的证据方法，即具备了证据能力。法官为使待证事实获得内心确信所进行的从证据方法中获知证据资料的行为或程序，即为证据调查。在不同的诉讼模式下，针对不同的证据方法，民事诉讼法规定了不同的证据调查程序。证据方法经由法官证据调查后，具有了足以影响法官认定事实的效果的，即为证据力，或称为证据价值。在采取辩论主义诉讼模式的民事诉讼领域，使用何种证据方法认定事实应由当事人依自己的意思决定，法院不得为了认定事实而置当事人的意思不顾或者依职权调取其可以利用的证据方法；在采取职权主义诉讼模式的民事诉讼领域，法院可以不受当事人关于使用何种证据方法的意思的约束，可以且应当依职权调取能认定事实的各种证据方法。当事人对证据方法的提供和法院对证据的调查既可以在本案审理程序中进行，也可以依特别程序进行，前者称为即时调查的证据方法，后者称为依特别程序进行调查的证据方法。当事人仅利用一个证据方法时，称为单纯的举证；同时利用数种证据方法时，称为综合的举证。当事人对于同一主张，同时提出数种证据方法时，称为内部之综合的举证；对于数种主张，同时提出数种证据方法时，称为外部之综合的举证。第二，证据资料。所谓证据资料是指法官经由对证据方法的证据调查所得出的结果。证人、鉴定人、当事人、文书及勘验标的物仅是承载案件信息的方法，只有相对应的证人证言、鉴定意见、当事人陈述、文书的内容及物的性质或外观等资料能够为人们认识才是法官调查证据的目的，也才能作为法官认定案件事实的依据。总体上讲证据方法和证据资料之间是外在和内在、形式和内容的关系。证据资料以证据方法为基础和来源，是法官所调查的证据方法的内容和结果。应当明确指出的是，作为证据资料必须是有助于法官获取心证并据以认定案件事实的证据调查结果。因此，在具体的民事案件中，并非所有的证据方法都能为法官提供证据资料，如不知待证事实的证人、无内容的文书或所提供的信息不足的鉴定等，法官均不能从中获知证据资料。第三，证据原因。所谓证据原因，是指法官形成内心确信的原因，即法官对于当事人所主张的事实是否属实形成心证的原因。证据原因必须是能使法官对于当事人所主张的事实形成内心确信的无争议的理由，故无证据价值的证言、伪造的文书及不合格的鉴定人出具的鉴定意见等均不得成为证据原因。证据原因既可基于法官本人的经验直接获得，也可经由听取他人陈述自己的经验而获得。在民事诉讼中，证据原因由证据资料与言词辩论的全部意旨构成。所谓言词辩论的全部意旨，指除了证据资料外，法院在调查证据方法过程中所获得的全部印象，如双方当事人言词辩论的内容、当事人陈述时的语气和神态及攻击防御方法提出的时间和情形等。总之，所谓言词辩论的全部意旨，是指在口头辩论中出现的、除证据资料之外的其他所有资料。与证据调查的结果一样，法庭辩论也是法官认定事实的一个重要的材料来源，庭审中经由当事人双方的言词辩论，不仅会使法院证据调查的结果变得更为明晰，并且会使得证据之间形成一个有机的连接，从而有助于法官自由心证的形成，此即言词辩论的全部意旨构成证据原因的缘由所在。上述五种关于证据内涵的代表性观点从某种程度上来说，都有其合理性，只是对于证据的客观性的侧重点不同而已。综合上述观点，法学界通说观点是：民事诉讼证据，是指能够证明案件事实的一切物质材料或信息，即用于证明民事案件客观情况的事实。只有符合法律规定的形式、具备法律规定的条件的事实，才能称为民事诉讼证据。

二、民事证据与相关概念的区别

在理解民事证据的概念时，我们还要将民事证据与相关概念区别开来。

第一，民事证据不同于民事证据材料。证据材料，即当事人向法院提供的、用以证明案件事实的资料。虽然证据来源于证据材料，证据材料是证据的初始形态，但证据与证据材料却有着明显的区别：首先，证据材料要成为诉讼证据，需经过质证，还要经过法庭的审核和认定。其次，证据材料出现在诉讼的较早阶段，而证据则形成于诉讼的中后阶段，因为证据材料能否作为本案的证据只有在法庭调查终结和法庭评议以后才能确定。

第二，民事证据不同于民事诉讼中的案件事实。通常意义上的事实是指某一主体对事物的特定属性或其与他事物的特定关系所作的判断。可以认为，民事证据上的事实是指某一主体依自己的五官感知呈现于自己面前的与案件有关的现象，并且作出了一个相应的正确的判断，即认为其发现了案件事实；反之，如果人们基于自己五官的感知及心理的认知所作出的陈述或描述不符合案件发生时的实际情况，或者说其对案件发生的真实状况作出了错误的判断，则应认为其没有发现案件事实。因此民事证据不能等同于案件事实。事实和证据虽然不能等同，但两者之间却存在着内在的联系。证据是证明案件事实的根据，其蕴含着诉讼中需要查明的案件事实的各种信息。证据中的这些信息能够揭示案件事实，并由此查明案件事实。证据实质上就是蕴含有案件事实信息的以人的或物的形态存在的事实信息载体。通常来讲，认定案件事实必须审查、判断其所依据的或者说其能得以推断存在的证据，审查、判断证据的诉讼程序和相关制度不同，其所蕴含的价值也就各异。

三、民事证据的意义

人民法院办理诉讼案件，首要的工作是查明案件的真实情况，做到以事实为根据。所以，许多活动都是围绕着证据进行的。民事证据在民事诉讼中有着重要意义。

（一）民事证据是正确认定民事案件事实的根据

人民法院进行诉讼活动，必须以事实为根据，以法律为准绳。因此，司法人员、审判人员在办理民事案件，首先必须查明案件的真实情况，而要查明案件的真实情况，就必须依据确实、充分的证据。司法人员对其所承办的案件，要经历一个由不知到知的认识过程，这一过程不是从主观想象出发，凭猜想、推测所能完成的，而是要通过一系列的收集、审查判断和运用证据的工作来完成。因此，证据是司法人员正确认定案件事实的根据。离开证据，要想查明案情是根本不可能的。

（二）民事证据能够保证诉讼的顺利进行

查明案件事实既要准确，也要及时。诉讼是有期限限制的，要求在一定的期限内完成对纠纷的裁决。同时，司法资源是有限的，只有提高诉讼效率才可能使诉讼及时得到解决。证据制度的很多规则就是为了防止诉讼拖延和争议点模糊，比如要求证据必须具有相关性，不相关的证据、明显重复的证据、没有必要的证据不准许向法庭提出，以防止证据调查范围的无限扩大。

（三）民事证据是维护当事人合法权益的依据

在诉讼过程中，当事人为了维护自己的合法权益就需要提出自己的主张，而提出自己的主张，就需要举证予以证明。如果提出的主张和要求没有充足的论据来证明，就既不能否定对方的要求，也不能说服司法机关接受。证据是维护当事人合法权益的有力武器。

（四）民事证据是进行社会主义法制教育的工具

司法机关进行诉讼活动，负有教育公民自觉遵守法律，积极同违法作斗争的责任。证据能反映一定的案件事实。人们通过确实、充分的证据，可以分清什么是非法行为，什么是合法行为，什么是非法私利，什么是合法权益。展示确实充分的证据，切实维护当事人的合法权益的过程，使人们受到生动的社会主义法制教育，提高他们遵守社会主义法律的自觉性，从而有利于维护社会主义法制。

第二章 民事证据的特征

我国学界对民事证据的基本特征存在不同的观点。第一，"两性说"，即民事证据具有客观性、关联性或者民事证据具有客观性、主观性。第二，"三性说"。三性说又分为两种：其一，民事证据具有客观性、关联性和合法性；其二，民事证据具有客观性、关联性和现实性。此外，民事证据的特征在学术界还有"五性说"（客观性、关联性、合法性、多样性和两面性，或者证明性、关联性、客观性、合法性和制约性）以及"可采性说"等。

以上观点从不同视角或者以不同方法对民事证据的基本特征进行了描述，对于深刻认识与理解民事证据具有重要的意义。在这些观点中，争论比较大的一个问题是民事证据是否应该具有法律性即合法性。一部分人认为证据的合法性是证据所固有的特征，证据合法性是法制的要求，也是证据客观性、关联性的法律保障。另一部分人认为民事证据的举证是平等的民事主体所为，在一些民事案件中，其身份限制了其合法收集证据的行为。如果要求当事人举证必须合法，有可能让当事人的合法权益得不到保护，正义得不到伸张，因此民事证据的特征中不应当具有合法性。而且证据的合法性是人为强加给证据的，而不是它本身所固有的特征，并认为主张证据有合法性会助长主观主义，从而动摇和削弱证据的客观性。笔者认为，仅就证据本身而言，证据具有客观性与关联性，因为证据是事实分解出来的案件事实碎片，且能够以客观的形式呈现出来被人们认识。然而我们所讲的民事证据与日常生活中的证据概念还是有区别的。民事证据是在独特证据法框架下为了特殊地证明案件事实而使用的术语，属于证据法中的证据，需要纳入法律的调整与规范。作为一个法律术语，其理解不能离开法律的特性。也就是说，民事证据不仅在使用过程中受法律的限制，而且在产生之前就存在相关法律对其能否作为证据、作何证据以及如何作为证据等问题进行规范，并赋予其不同的称谓，如物证、书证、电子数据、视听资料等。所以笔者认为法律性是证据的本质特征之一，承认并坚持这一点，无论在理论上还是实践上都具有重要意义。

一、民事证据的客观性

民事证据的客观性是指民事证据是客观存在的事实，而不是主观想象、推测或捏造的事实。民事证据的客观性具有三个层面的含义：一是民事证据的表现形式（或者称为载体）无论是人还是物或者状态，其本身是一种客观的存在。即使是歪曲的反映即呈现的是"假象"，针对假象本身而言也是客观的。二是民事证据的内容是客观的。它是对案件事实的客观反映，即使是歪曲的反映也是客观的，能为人们认识。三是民事证据与案件事实之间的联系是客观的，能为人们的经验把握。同任何事物一样，案件事实作为客观存在的事物，并不是孤立存在的。它必然要和周围世界发生千丝万缕的联系。任何一个民事案件事实，它都是在一定的时间、空间和条件下发生的，必然要和客观外界其他事物发生各种各样的相互作用，作用的结果必然会留下相应的物品和痕迹。它与周围人们发生作用，就会在有关人们的头脑中留下印像，这些与案件事实有关的物品、痕迹、反映印像，保留着案件事实的各种信息，可以据以查明案件真实情况。这些作为证据的事实以及它们与案件事实的各种联系是客观存在，是不以人们的主观意志为转移的，证明主体只能发现它、认识它，并加以收集、固定和保管，借以查明案情，而不能把主观猜测、随意捏造、任意歪曲，误认为与案件有关，实则无关的事实当证据使用。

民事证据的客观性不同于证据的真实性。客观性在实物证据中表现得较为充分，而真实性偏重于言词证据的特征。即使证据的形式与内容以及与案件事实的联系是客观的，因为人们认识的差异，并不必然获得其真实的认识，但反推却是成立的。真实的证据则具有客观性，真实性以客观性为基础，客观性是通过真实性体现的。

二、证据的关联性

证据的关联性又称证据的相关性，它是指作为证据的事实必须是同案件有关联，对证明案情有实际意义的事实。证据必须是客观事实，但并不是一切客观事实都可以作证据，只有与案件有关联性的客观事实才能作为证据。证据的关联性包括两个方面的内容：其一是证据与所证明的事实有关联，也就是说证据要能够证明案件事实；其二是证据与证据之间有联系，也就是说证据与证据之间要协调一致。

证据的关联性的表现形式十分复杂，形式多种多样，这些联系有因果联系、条件上的联系、时间上的联系、空间上的联系、必然联系、偶然联系等。因果联系是指有些证据事实是案件事实的原因或者结果；条件上的联系是指有些证据事实与案件事实之间存在着条件依存关系；时间上的联系是指有些证据事实与案件事实之间有着时间上的先后顺序的联系；空间上的联系是指有些证据事实与案件事实有空间方位上的联系，确定了这些证据事实的空间方位对查明案件事实发生的空间方位有意义；必然联系是指证据事实与案件事实之间的联系具有必然性；偶然性联系是指有些证据事实与案件事实的联系表现为偶然性。上述证据事实与案件事实的联系是广泛而又复杂的，它给我们审查、判断和运用证据带来很大的困难。少数情况下容易判断一个证据事实与案件事实有无联系，在大多数情况下很难一下判断出有无联系，也很难区分是什么样的联系。所以我们在判断某个证据事实与某个案件情况有无联系时，不仅要进行认真细致的调查研究，还要进行综合分析，不能孤立地判断某个证据事实与案情之间有无联系。

三、证据的法律性

证据的合法性也称证据的法律性，是指某种事实在民事诉讼中作为认定案件事实根据的适格性或者容许性。目前我国立法对民事证据的合法性从下面进行规范：从形式上看，证据必须具备法定的表现形式即以我国法律规定的八种法定证据形式表现出来。此外，某些法律事实或法律行为必须用某种特定形式的证据予以证明。从取证方法看，证据必须依据法定程序和方法调查收集。《民诉法解释》第106条规定："对以严重侵害他人合法权益、违反法律禁止性规定或者严重违背公序良俗的方法形成或者获取的证据，不得作为认定案件事实的根据。"从证据的使用程序看，当事人提供的证据必须经过法定的程序才能成为定案根据。未经当事人质证的证据，不能作为认定案件事实的依据。但当事人在审理前的准备阶段认可的证据，经审判人员在庭审中说明后，视为质证过的证据。

证据的客观性、关联性、法律性是互相联系的。证据的客观性是证据的自然属性，也是最本质的属性。证据的客观性是关联性和合法性的基础。证据的关联性是在客观性的基础上对证据特征的进一步揭示，体现了证据对证明案件事实的作用和价值。证据的合法性是在关联性的基础上对证据提出的法律要求，体现了诉讼证据与日常生活中普通形式的证据的本质区别，体现了证据的法律属性。

第三章　民事证据的原则

一、当事人权利平等原则

当事人权利平等原则是指在民事诉讼中，当事人平等地享有和行使诉讼过程中举证、质证的权利，法院应当保障当事人平等地实现其权利。

（一）当事人平等地享有举证、质证的权利

当事人平等地享有举证、质证的权利是指当事人在民事诉讼中所进行的"诉讼攻击"与"诉讼防御"是平等的，其在诉讼中进行举证、质证的权利义务也是平等的，任何一方不得享有比对方更优越或更多的权利。只有赋予双方当事人平等的权利、提供均等的机会，才能维系民事诉讼活动中当事人双方"攻击"与"防御"的平等进行。民事诉讼是解决民事纠纷的，民事纠纷的重要特点之一就是民事主体的地位平等。因此当平等地位的民事主体因为民事权利发生纠纷进行诉讼时，其地位当然是平等的，不因当事人的社会地位、经济状况、文化程度、民族等因素不同而存在差别。当事人诉讼地位平等意味着当事人在证据问题上平等地享有诉讼权利，同时也要平等地承担相应的诉讼义务，法院对当事人行使诉讼权利给予平等的机会。

（二）人民法院为当事人平等地行使权利提供保障和便利

民事诉讼法从指导原则到相关制度和具体规范，为当事人实际平等地享有和行使诉讼权利提供法律依据。在民事审判的举证质证过程中，人民法院为当事人平等地行使诉讼权利提供保障和便利。依法保障当事人双方平等地行使诉讼权利，并且为他们行使诉讼权利创造和提供平等的机会和条件，是人民法院应当履行的职责，也是诉讼权利平等原则实现的重要保证。

在司法实践中，如何平衡人民法院保障当事人平等地行使权利与当事人诉讼中地位平等的关系往往不好操作，对此在理论上也有争议，主要集中的问题是法官在诉讼中如果一方当事人明显处于弱势的情况下是否应当进行释明。所谓释明又称阐明，是指诉讼过程中法官在当事人的诉讼请求、陈述的意见或提供的证据不明确、不充分、不适当的情形下，依法对当事人进行发问、提醒、启发或要求当事人对上述事项作出解释说明或补充修正的诉讼行为。在审判实践中，法官准确地行使和适用释明权具有较大的现实意义。释明既是法官的诉讼权利也是诉讼义务，其实质是诉讼指挥权。释明是大陆法系的一项民事诉讼程序制度，最早由德国诉讼法学者提出，根植于当事人主义诉讼模式。

笔者认为，由于我国现阶段的现实情况，多数当事人是弱势群体，缺乏必要的诉讼知识和经验，缺乏举证的风险意识，又没有经济能力聘请律师，他们往往不能提供有效的诉讼证据，不能阐述自己的诉讼主张或辩驳对方的诉讼请求，往往发生有理打不赢官司的尴尬现象，难于实现社会的公平正义。这种情况显然有悖于法院查明案件事实，依法保护当事人合法权益的民事诉讼目的。法官的释明正好克服了上述弊端，既尊重当事人在诉讼实体内容上的决定权和处分权，又坚持法官在诉讼程序上的指挥权，最大限度地实现实体公正。然而对于法官的释明行为必须进行必要的规范，否则会造成新的不公平。对于法官在民事诉讼中的释明问题，笔者认为为了诉讼的正常进行，也为了判决的公正性，诉讼过程中法官应当进行释明，但是法律对于法官的释明应当进行规制，主要从以下方面进行规制：第一，人民法院应当依据中立、公正原则行使释明权。法官行使释明权应以当事人的请求或陈述中有需释明情形的线索为限，且释明的内容应当记录在卷。这是法官行使释明权的原则与界限。也就是说法官在诉讼中进行释明时，必须当庭公开、公正地行使，杜绝"暗箱"操作；必须以法官居中裁判为基础，作为对当事人主义辩论原则和处分原则的补充，以避免法官释明转变为诉讼辅导，甚至成为一方当事人的诉讼代理人。第二，法官释明的具体内容应当受到限制。庭前阶段，法官释明的重点是告知当事人诉讼的风险，以及举证须知。根据"谁主张，谁举证"的证据规则，当事人应提供证据来证明其诉讼主张，否则应承担举证不能的后果。然而，当事人往往误认为自己无证明责任而不提出证据，或者误认为其所提供的证据材料已充分。此时，法官应及时告知当事人，启发他提供或补充提供相应的证据材料。当事人仍不提供的，依法承担不利的诉讼后果。在庭审阶段，法官释明的重点在于诉讼请求。通过开庭审理，根据案件事实作出的认定，与当事人主张的法律关系性质或者民事行为的效力不一致的，应当当庭或在双方当事人均到场的情况下，告知原告有变更诉讼请求的权利。

当事人权利平等原则的适用范围：一是指适用的主体。如上所述，诉讼权利平等原则适用于在我国人民法院进行民事诉讼的所有当事人。在属性上包括自然人、法人和其他组织；在国籍上，包括我国当事人，也包括在我国人民法院进行诉讼的外国当事人、无国籍当事人。当然对外国当事人、无国籍当事人，我们还应当采取"同等对等"的原则。二是指适用的案件。凡是涉及民事权利义务争议案件，无论是财产权益争议案件还是身份关系争议案件，都适用该原则。非讼案件，由于其自身的特殊性不适用这一原则。三是指适用的程序。除特别程序、公示催告程序等非诉讼程序外，其他诉讼程序都适用该项原则。四是指适用的人民法院。该原则适用于审理民事案件的各级人民法院和各专门法院。

二、辩论原则

当事人在诉讼中举证、质证的过程实际上就是一个对于证据的客观性、关联性、合法性进行辩论的过程。因此民事证据的辩论原则，是指当事人在民事诉讼活动中有权就案件所争议的证据，在人民法院的主持下进行辩论，各自陈述自己的主张和根据，互相进行反驳与答辩，从而查明案件事实，以维护自己的合法权益。

（一）辩论原则的主要内容

当事人辩论的范围是证据的客观性、关联性、合法性。辩论权是当事人进行辩论的权利，当事人可以通过辩论充分表达自己的观点。当事人行使辩论权可以采用口头和书面两种形式。经当事人辩论所形成的证据，应当是法院作出判决的依据。当事人对案件涉及的事实和证据进行辩论所形成的"辩论材料"，应当是作为判断事实并最终作出判决的基础材料。任何事实和证据都必须经过当事人的辩论，才能成为定案的依据，凡是未在当事人辩论中显示的内容，都不得进入法院审查判断的范围。这实际上是当事人的辩论权对法院审判权的行使构成了一定的制约关系。

（二）辩论原则的适用

审判人员应当为当事人提供行使辩论权的机会，既要为当事人在开庭审理之前提供书面辩论的机会，特别是要为被告答辩提供时间保障；又要为他们在庭审中提供平等的言词辩论机会。审判人员应恰当地组织和引导当事人的辩论活动，既不能限制当事人的辩论，也不能放任自流，而应当让当事人能够紧紧围绕案件争议焦点进行辩论。在辩论过程中，审判人员应当保持"中立"地位，既不能参与当事人的辩论，也不能发表具有倾向性的意见。

（三）当事人辩论权与法院裁判的关系

在民事诉讼中，存在着当事人辩论权的行使与法院审判权行使的相互关系问题。作为辩论原则基础的辩论权，是当事人实施辩论行为的根据。根据民事诉讼法的规定及最高人民法院相关的司法解释，作为人民法院裁判根据的事实、证据，必须经当事人的辩论、质证。凡是未经当事人辩论、质证的事实、证据，不能作为法院裁判的根据。这里既包括对双方当事人提出的事实、证据应经过辩论、质证，也包括法院职权调查到的事实、收集到的证据，也应经过庭审的辩论质证。当事人辩论的结果，应当作为人民法院裁判民事案件的基础。而且，当事人经过辩论的事实和理由，无论人民法院在裁决时是否采用，都必须公布其理由。唯有如此，才能保证辩论原则的实现。

三、处分原则

处分原则是指民事诉讼当事人举证、质证过程中，在法律规定的范围内，有权按照自己的意愿支配自己的权利，即可以自行决定在诉讼中是否行使或如何行使自己的民事权利和诉讼权利。

（一）处分原则的内容

（1）享有处分权的主体是当事人。当事人是与案件有法律上直接利害关系的人，诉讼的过程及结果直接关系到当事人的程序利益和实体利益，只有当事人才是处分权的享有者。

（2）当事人处分权行使的范围包括诉讼过程中所有当事人之间有争议的证据。

（二）法院审判权与当事人处分权的关系

法院审判权与当事人处分权的关系问题在不同的民事诉讼模式下有不同的表现。民事诉讼模式是反映或表现某一民事诉讼中诉讼主体之间基本关系特征的结构方式。民事诉讼模式的类型分为当事人主义和职权主义。在当事人主义民事诉讼模式下，民事诉讼程序的启动和进行依赖于当事人，法院或法官不能主动依职权启动和推进民事诉讼程序。法院或法官裁判所依据的证据资料要依赖于当事人，作为法院判断对象的主张只能来源于当事人，法院或法官不能在当事人指明的证据范围以外主动收集证据。相反，在职权主义民事诉讼模式下，程序的进行由法院依职权推进。对于诉讼对象的确定、诉讼主张等，法官不受当事人的约束，可以在当事人主张之外认定案件事实，法院在诉讼资料、证据收集方面拥有主动权。

我国民事诉讼究竟是当事人主义还是职权主义，或者究竟应当是当事人主义还是职权主义，一直是学界争议很大的问题。笔者的观点是：首先，当代社会，每个国家为了诉讼制度的适用完善，都是在取各种制度、理论体系所长，不可能采用绝对的当事人主义或者职权主义；其次，民事诉讼模式并非一成不变，有可能随着社会各种因素的变化而变化。我国处于时代变革时期，过分强调当事人的处分权和过分强调法官的监督权都不利于保护当事人的权利。因此我国诉讼模式应当兼取两种诉讼模式的优点。在这样的前提下法院审判权与当事人处分权的关系保持一个平衡：首先，为了使处分原则能够在民事诉讼中得到正确的贯彻和实施，人民法院应当明确处分原则在诉讼中的重要意义，并为当事人行使处分权提供保障。其次，法院审判权对当事人处分权具有一定的监督作用。我国民事诉讼法规定的处分原则，不是当事人绝对的自由处分。当事人行使处分权不得违背法律的规定，不得损害国家、社会和他人的合法权益。民事诉讼法在确立处分原则的同时还确立了国家干预制度，具体表现为人民法院对当事人实施处分权的行为依法进行监督，依法进行审查。例如，对方当事人对证据的自认行为，不得损害国家、集团、他人的利益，否则法院要进行干预。

四、诚实信用原则

（一）诚实信用原则的概念

诚实信用原则是指在民事诉讼的举证、质证、认证过程中，法院、检察院、当事人以及其他诉讼参与人必须公正、诚实和善意地行使权利与履行民事诉讼义务。诚实信用是民法中的基本原则，一直被学界尊称为"帝王条款"。对于诚实信用的定义，不同法系的国家有不同的理解。在英美法系，诚实信用是指当事人在为或不为一定的行为时，在主观上持有公正和正直的态度，并确信自己的行为不会给他人造成损害。在德国法学中，诚实信用是指当事人应当按照相对方在一般社会生活中的正当期待实施行为。诚实信用原则作为一般性限制性条款，在古典民法中已有表现。例如罗马法阶梯第 1 卷第 1 篇第 3 条就宣示的罗马法准则是"诚实生活、不侵犯他人、各得其所"。近代民法由于过分追求私有权神圣和契约自由，忽略了诚实信用的最基本的价值，只在某些领域保留诚实原则的适用。作为法律上的概念，诚实信用来自罗马法中的诚信契约和诚信诉讼。1907 年《瑞士民法典》第 3 条规定：无论何人行使权利，履行义务，均应依诚信为之。该原则首先作为债法上的一项重要原则在罗马法上得以确立，此后渐渐扩展为民法上的一项基本原则。《法国民法典》以及《德国民法典》中都有将诚实信用限于在契约领域在狭义的语境下适用。瑞士民法典首先确立了诚实信用作为民法典一般条款，而不再只是契约法中的条款。《瑞士民法典》第 2 条规定：任何人都必须诚实信用地行使和履行义务。此后，许多国家立法或者判例也纷纷将诚实信用确立为民法一般条款。如德国判例明确承认诚实信用是民法的最高条款。

（二）诚实信用原则的历史沿革

我国民法学者认为，诚实信用原则首先是在商品经济活动中形成的道德准则，恪守诺言，诚实不欺。20 世纪 30 年代以前，诚实信用原则只是在私法的领域确定了作为法律条款的基础，而到了 30 年代以后，在包括实体法和程序法的整个民事法学领域中，诚实信用原则的存在空间得到前所未有的拓宽，诚实信用原则对民事诉讼法的具体内容产生了更加显著的影响，并逐渐在民事诉讼领域立足发展起来。我国法律体系中，诚实信用原则一直是我国民事实体法的内容，是否将诚实信用原则引入民事诉讼法中，理论界一直争议很大。许多民事诉讼法学学者呼吁要在民事诉讼法中将诚实信用原则作为一个基本原则规定下来。比如我国民事诉讼法学者张卫平教授在其《民事诉讼法教程》一书中把诚实信用原则列为民事诉讼法的基本原则之一，并做了如下定义：

诚实信用原则是指法院、当事人及其他诉讼参与人在审理民事案件和进行民事诉讼中必须公正、诚实、善意。这一观点为诚实信用原则在民事诉讼活动中的适用确立了理论依据。2012 年《民事诉讼法》第 13 条第 1 款规定了"民事诉讼应当遵循诚实信用原则",使诚实信用这一原本只作用于实体法的"帝王条款"正式以诉讼原则的地位扩张到民事司法领域。最高人民法院在 2015 年的《民诉法解释》中注入了诚实信用的具体内容。

笔者认为,民事诉讼法将诚实信用作为民事诉讼的基本原则规定在民事诉讼中既有理论价值又有实践意义。

从理论上看:

第一,有利于与民事实体法有效的衔接。诚实信用原则在私法领域,尤其是在民法的债权领域具有很高的地位,是民法对权利和义务的实现所作出的最基本要求。而民事诉讼法的目的在于确定并实现民法上的权利及法律关系,据以保障公民的合法权益不受侵害。诚实信用原则在实体法上基本内容是"任何人都必须诚实、信用地行使其权利并履行其义务"。这项内容反映在诉讼上就是要求当事人行使诉讼权利和履行诉讼义务时要兼顾各方面利益关系,不得滥用诉讼权利。因此,把民事实体法中的诚实信用原则适用于民事诉讼法,有利于民事诉讼法确认并实现民事实体法上的权利和义务,使民事程序法与民事实体法紧密结合。我国《民法总则》明确规定了诚实信用原则,在民事诉讼中如果不确立诚实信用原则会直接影响民事诉讼法的权威和其在社会生活中应起的实际效用的发挥,也有可能助长一些当事人在诉讼中弄虚作假的不良风气,以至于法院不得不花费更多的时间和精力去查证当事人的陈述及其他证据的真实性,使案件久拖难决,不利于民事审判方式改革的深入开展。

第二,诚实信用原则使公法与私法相互弥补、相互趋同。过去学界一直认为,作为私法领域中重要的原则之一的诚实信用原则是不能适用于作为公法的诉讼法中的。然而随着社会的发展，在私法领域国家干预的进一步扩大，私法与公法之间相互交融、相互渗透。将诚实信用原则在民事诉讼中适用有助于公法与私法、民法与民事诉讼法的相互弥补。民事诉讼法是国家制定的规范法院与民事诉讼参与人的诉讼活动，调整法院与诉讼参与人法律关系的法律规范的总和。民事诉讼法是国家以审判的方式介入民事纠纷，并由法院代表国家对当事人之间的民事纠纷做出权威性的、最终判断的法律。由于国家的介入，使得民事纠纷的解决完全变成了由国家进行的公法关系。民事诉讼法律关系只能在法院和当事人及其他诉讼参与人之间形成，他们之间的诉讼关系只能由民事诉讼法来调整，它属于公法领域。在解决当事人之间的关系时，除了以公法形式约束的权利义务关系外，还更加有必要以私法的理念和原则来制约和约束他们的行使权利、履行义务的行为，甚至约束他们与法院之间的诉讼关系。将私法所采用的诚实信用原则引入公法领域，要求法院在诉讼活动中不能无限止地使用自由裁量权，要求法官在行使裁量权时要以诚实的、善意的心态来对待双方当事人。

第三，从诚实信用原则与诉讼模式的关系来看，主观上有确立诚实信用原则的要求。一方面，在大陆法系的国家，法官既是事实的审判者，又是适用者，其自由裁量的权限较大，因此有必要将诚实信用原则引入审判中对法官进行制约。另一方面，在大陆法系国家的民事诉讼中，法院的职权主义较重，当事人诉讼权利较为平淡，因此这些国家的诉讼程序中存在着很多的用于法官裁判当事人、诉讼参与人的规则和当事人承担诉讼道德方面的义务的规定。同时法官主导诉讼也使得法官以诚实信用原则干预当事人的诉讼行为较为可行。

第四，从民事诉讼的价值方面来看，民事诉讼的价值目标是公正、效率和效益。诚实信用原则就集中体现了诉讼公正的这种基本要求。我国历史上的审判制度就十分注重对司法进行监督，如设立御史制度监督百官，设立监督审判官史，并实行"三司会审"制度。正是这种监督制度使得诚实信用得以保证，也确保了司法的公正性。

第五，从司法实践看，诚实信用原则作为民事诉讼法的基本原则能够为司法公正提供保障措施：其一，能够对法官的自由心证权利进行有效的控制。现代司法其实就是抽象的法律条文与具体的诉讼案件的结合。每一起案件只要一经发生案件的事实都已经成为过去，就不可能再重现了，这时法官只能凭借双方当事人提供的证据，依据诚实信用这个规则来推断案件事实，也就是说作为法官必须依照公正无私的职业道德和科学的法律方法、逻辑规律来决定哪些是有效的证据，只有这样才能使查明的案件事实最大可能地接近真相，才能成为确定适用具体的法律的基础。其二，对法官的自由裁量权利进行有效的控制。现实生活是复杂多变的，法律不可能涵盖社会生活的方方面面，法律条文又是不允许经常改变。在法律规定不具体、不足或规定不清时，就要求法官必须从立法的宗旨出发，以善良诚实之心和不偏不倚的态度，合理地解决纠纷，以确保法律的公正性。其三，对当事人不正当地行使诉权，消极履行诉讼义务进行有效的控制。消极的履行诉讼义务是指当事人在证人提供虚假陈述时承认其陈述以达到对自己有利的地位。法官一经发现当事人不正当地行使诉权、消极履行诉讼义务，应对当事人的行为推定为无效，以确保诉讼的公平性。

(三) 诚实信用原则的内容

对于诚实信用在民事诉讼中应当包括什么内容，学界众说纷纭。笔者认为，民事诉讼法中诚实信用原则作为基本原则，程序上应当贯穿于民事诉讼始终，适用的主体应当包括参与民事诉讼的所有主体。目前，学界对于法院（法官）应否受该原则的制约看法不一，主要有否定和肯定两种观点。否定的观点认为，诚实信用原则不适用于法院与法官，即法院与法官不受该原则的约束。理由有：第一，司法实践中存在的大量不诚信现象，都是发生在当事人或其诉讼代理人身上，诚实信用原则应当适用于当事人或其诉讼代理人；第二，法院法定职责远远高于诚信的道德要求，怠于履行法定职责的后果也重于背离诚信的后果；第三，在司法实践中很难识别和判断法官有悖诚信的言行；第四，民事诉讼运行的基本前提是存在可信赖的、道德上无争议的中立裁判者，将诚信原则约束面辐射至法院与法官，则意味着可信赖的中立裁判者不存在；第五，尽管须注意到局部层面部分法官道德滑坡现象的客观存在，整体层面法官道德无争议假设的成立是民事诉讼正当性的基础。肯定的观点认为，诚实信用原则不仅适用于当事人及其诉讼代理人，同样也适用于法院。笔者同意肯定的观点，理由是：第一，法院既是民事诉讼法律关系的主体，也是诉讼主体，作为一项贯穿于整个民事诉讼过程的基本准则，诚实信用原则也应当适用于法院；第二，作为一项教化性、指引性很强的原则，将法院纳入诚实信用原则规范的范围有助于回应社会对提升司法品质的诉求，有其重要的社会意义和政治意义。

在民事诉讼中，诚实信用原则对法官的行为规制表现在：①法律一方面赋予了法官一定的司法裁量权，同时又对其司法裁量权进行制约。也就是说，根据诚实信用原则，法院（法官）在审理民事案件中应当公正、合理、诚实、善意，禁止滥用自由裁量权。法官在民事诉讼中是事实的审理者、法律的适用者、程序的指挥者，有时法律不可能将所有的情形一一予以规定，在诉讼程序具体如何适用法律需由法官根据实际自由裁量，这就是要求法官在行使自由裁量权时不得违背了诚实信用原则。如果法官滥用该权利，接受吃请、送礼，使其在诉讼中不能保持中立性，有意偏袒一方当事人，如在证据的举证方面有意偏袒，造成一方证明责任失衡，从而做出不公正的判断，影响司法的权威性。②判断证据方面的诚实信用的要求。法官在判断证据时，应当坚持诚实信用的原则公平地对待双方当事人提供的证据，而不得收受贿赂、接受当事人吃请或只收集有利于其中一方的证据，对于双方提出的证据一视同仁，只要是真实的都应作为裁判的证据；在判断证据证明程序时，更加要坚持诚实信用的原则。③禁止突袭裁判。法官在审理民事案件时，应当充分尊重双方当事人的程序权利，为当事人提供陈述主张和事实的机会，不能不听当事人的陈述和申辩，违反程序实施突袭性裁判，使当事人诉讼权利得不到行使而处于劣势，这样既不能得到当事人的信服，也使得案件的审理不能体现民事诉讼的公正价值。

在民事诉讼中最初体现诚实信用原则是对当事人"真实义务"的要求。"真实义务"实际上是对当事人意思自治的限制，所以诚实信用原则首先表现为对当事人诉讼行为的制约。这是因为诚实信用原则不仅用于平衡当事人之间的利益，还在于其要求当事人不得通过自己的活动损害到第三人和社会利益，当事人必须以符合其社会经济目的的方式来行使自己的权利。这种对当事人权利行使的限制，对诉讼机制的和谐运行有着重要的意义。

诚实信用原则对当事人行为的规制主要体现在：

（1）禁止当事人诉讼权利的滥用行为，即要求当事人不得滥用诉讼权利，故意拖延或获得确定判决，如滥用回避请求权。在民事诉讼活动中诚实信用对滥用民事诉讼权利进行制约的规定各国有所不同。例如《日本新民事诉讼法》第2条规定，当事人进行民事诉讼，应以诚实信用为之。在大陆法系国家，禁止权利的滥用被看作是诚实信用原则的首要要求，因为它直接体现了诚实信用原则中坚持做到维持当事人双方利益以及当事人利益与社会利益平衡的要求。在英美法系国家，虽未直接在诉讼立法中规定诚实信用原则，但诉讼规则和相关判例中都体现了诚实信用的理念和精神。笔者认为，任何一种权利，包括诉讼权利不仅关系到权利人的各方利益，而且涉及对方当事人的利益和社会利益。所以，在行使诉讼权利时必须诚实地、善意地行使其职责，坚决不允许诉讼当事人滥用诉讼权利的行为。如果诉讼当事人滥用诉讼权利的话，这就明显违背了诚实信用原则，其结果一定会造成当事人不必要的损失，同时增加了法院不必要的负担，还会引起诉讼程序的更加复杂化和诉讼时间迟延。

（2）禁止当事人不正当的诉讼行为。也就是说当事人不得以不正当的手段造就有利于自己的诉讼状态，如捏造合同履行地骗取审判管辖；为得到竞标标的以诬告的方式恶意对他人提起诉讼，故意造成财产可能被转移的假象以获得财产保全，等等。如果对当事人这些不正当的行为不加以制约，就很显然地违背诉讼的目的，不能真正体现民事诉讼的价值即公正、效率及效益。

（3）禁止当事人让证人作伪证，就是要求当事人不可以使用不正当的手段让证人作伪证、不得自己提供虚假的证据。作伪证的行为本身属于违反诚实信用原则的表现。作伪证指当事人以威胁、恐吓的方法等手段证人作出虚假的、有利于自己的证词或者自己提供虚假的书证、物证、视听材料和陈述等对自己有利的证据，以影响案件的公正审理。此外，当事人在承认对方陈述的事实时，不能实事求是，而是只承认对自己有利的陈述，否认对自己不利的陈述，作虚假的承认，法院一经发现当事人所承认的事实不存在或者虚假时，应当否定当事人承认的陈述的法律效力。

（4）禁反言。禁反言就是当事人不得在诉讼中故意作出颠倒事实、语无伦次或作相互矛盾的陈述。何为"反言"，就是在诉讼活动中当事人为了自己的利益而对事实进行歪曲，然后又为自己的利益再将已经被歪曲的事实进行纠正；或者事先做出许诺，然后为了自己的利益又进行反悔的行为。对于这种不正义的行为，法律应当对行为人作出惩罚性的裁决。而诚实信用原则正是要求当事人在行使民事权利时必须符合法律的规定和基本的道德规范，所陈述的案件事实和所主张的诉讼权利应当诚实，不应该为达到对自己有利的目的而损害他人的合法利益。

（5）禁止诉讼突袭行为。如果一方当事人未经合法行为即采用隐蔽的诉讼证据向另一方当事人实施突然袭击，使该当事人没有进行防御的机会而在诉讼中处于劣势，这是最明显的缺乏诚意的诉讼行为，应根据诚实信用原则予以制止。

此外，根据诚实信用原则的精神，检察院作为民事诉讼的监督主体，应该本着诚实和善意，根据立法本意行使检察监督权。其他诉讼参与人在其实施诉讼行为时也必须善意。例如，诉讼代理人不得在诉讼中滥用和超越代理权；证人不得作虚假证词，鉴定人不得做不符合事实的鉴定意见。

第四章　外国证据制度的历史发展

证据制度是指国家按统治阶级的意志制定或认可的、关于诉讼中的证据概念、证据种类、证明对象、证明责任，以及如何收集证据、审查判断证据的法律规范的总和。证据制度要解决的核心问题，是要解决人们的主观认识与客观存在的案件事实如何统一的问题。证据制度是诉讼制度中不可分割的组成部分，有什么性质的诉讼制度，就要求有与之相适应的证据制度。诉讼的直接目的在于查清案件事实，正确适用法律。查清案件事实是正确适用法律的前提，而证据是能否查清案件事实的前提。因此，证据是诉讼的基础，证据的证明作用不能够自我表现，而需要司法人员遵循一定的原则加以审查判断，确认证据是否真实可靠，是否具有证明力，能否证明案件情况。审查判断证据的原则是一个关键性问题，以此为依据，在外国诉讼史上出现过神示证据制度、法定证据制度、自由心证证据制度和苏联的内心确信证据制度。上述这几种证据制度的发展，是后者否定前者，从低级向高级发展，表明人类对案件事实，由不能认识到能够认识的发展过程。

在证据制度的发展历史中，三大诉讼法的证据制度的发展一直是相辅相成、难以割裂的。因此我们研究民事证据制度的发展历史，实际上就是研究整个证据制度的发展历史。

一、神示证据制度

(一) 神示证据制度的概念

神示证据制度是根据神明的启示来判断证据并进而认定案件事实,解决诉讼的一种证据制度。人类的认识离不开最基本的实践活动。在奴隶社会,自然力量统治着人们,人类深感自身力量的弱小,便产生了恐惧心理和自然的盲目崇拜,神便被奉为万物的创造者和人类的主宰者。神明无所不知,神意无所不在,人不可以欺骗神灵,欺骗神灵是要有报应的。当时社会普遍认为:神是公正和正义的象征,神的意志是判断是非的标准。被统治者是神的盲目崇拜者,统治者既是神的盲目崇拜者,又自觉利用神来控制社会。在这种历史条件下,诉讼中难以判断的问题自然就依靠神灵来进行判断,神示证据制度就应运而生了。

神示证据制度是一种最古老、最原始的证据制度,它产生于亚欧各国的奴隶社会并延续到欧洲封建社会初期。奴隶制社会的生产力不发达,科学文化水平低下。当时普遍实行的是弹劾式诉讼形式,这种诉讼形式有两个特点:第一,实行私人告诉制,不告不理。第二,当事人双方诉讼权利和诉讼义务是对等的。前者表明诉讼的提起,取决于刑事案件的被害人或者民事权益受到侵犯的人告诉之后,法官才对案件进行审理,告诉权由私人掌握。古罗马帝国时期确立的"没有原告就没有法官"的原则,集中地体现了弹劾式诉讼形式的特点;后者则表明当事人双方都有证明责任,又都有义务接受审判。所以双方当事人要尽一切可能积极影响法官,使诉讼结果有利于自己。由于当事人双方无论在案件的实体利益上还是在诉讼地位上都是处于直接对立的状态,所以,他们对案件的陈述往往是互相矛盾的。作为法官,以什么为标准去判断当事人双方陈述的真实性，便是一个十分关键的问题。

（二）神示证据制度的主要证明方法

1. 对神宣誓法

对神宣誓是神示证据制度中经常采用的证明方法。当事人或证人为了证明他们对案件的陈述是真实的，就必须依照法律规定对神宣誓。因为当时普遍认为，欺骗了神是必定要受到神的惩罚，如果谁不敢对神宣誓或者是在宣誓中精神恍惚、吞吞吐吐，读错了誓词，或者在宣誓后显出某种受到神的报应的现象，那么法官就可以确认他的陈述是虚伪的，并以此为根据判定其有罪或者败诉。对神宣誓可以分为两种情形，即直接宣誓和辅助宣誓。直接宣誓是指双方当事人和证人直接面对神灵发誓，从而排除对方陈述的真实性。被告人只要对神发誓，其答辩的真实性就可以得到确认，便可以得到胜诉的结果。辅助宣誓又称为保证宣誓，即当事人找出一定数量的保证人对神宣誓，以保证他品质纯正，不会犯被控罪行，或保证他对案情的陈述是可靠的，从而加大当事人陈述的证明力。

2. 水审

《汉谟拉比法典》第2条规定：倘自由民控自由民犯巫蛊之罪而不能证实，则被控犯巫蛊罪者应行至河而投入之，倘彼为河占有，则控告者可以占领其房屋；倘河为之洗白而彼仍无恙，则控彼巫蛊者应处死，投问者取得控告者之房屋。该法典132条还规定：倘自由民之妻因其他男人而受指摘，而她并未被破获有与其他人同寝之事，则她因其夫故，应投于河。用河水来验证其是否清白无辜，如果沉没则指摘之事真实；如果浮起，则证明她是无罪的，指摘之事是虚假的。日耳曼民族则与此相反，认为水最纯洁，它不接受任何污秽之物。使用冷水牢，被告人被投入河水中，如果沉没下去了，则证明纯洁的水神接受了他，他的陈述是真实的，是无辜的，应当赶快搭救他；如果浮起了，则表明水神不接受他，他的陈述是虚假的，是有罪的。水审是当事人通过一定的方式接受水的考验，显示神的意志，借以判定当事人的陈述是否真实，被告人是否有罪。水审可以分为冷水审和沸水审两种。冷水审是指将被告人投入河水，看是否沉没，以检验其陈述是否真实和是否有罪。由于其民族传统不同，不同的民族判定的标准也不同。沸水审是令受审人用手从沸水中捞取某件物品，然后包扎好受伤的手臂，同时向神祈祷。过一段时间后，根据伤势好转的情况，判定其陈述是否真实可靠。如果伤势日见好转，则被认为是诚实的；反之，如果伤势溃烂化脓，则认为是神对他进行惩罚，应判定其陈述是虚假的，他是有罪的。在古巴比伦，被告人如果被投入河中沉没了，则表明神要对他惩罚，表明被告人是有罪的，他的陈述是虚假的；如果被告人在河水中浮起，则表明他是无罪的，他的陈述是真实的。

3. 决斗

决斗是欧洲中世纪盛行的一种习俗，这种习俗也被用于诉讼中，用决斗来确定当事人双方对案情的陈述是否真实，以及谁是犯罪人。决斗通常是在采用其他方法不能判明案情，或者是原告一方提出愿意以决斗来证明自己的陈述是真实的情况下，法官便指令当事人双方进行决斗。在决斗中获胜的一方为胜诉，失败的一方为败诉或有罪的人。如果被告一方不敢决斗，就被判定为败诉。每个国家的法律或习惯对决斗都有明确的规定，有的规定决斗要进行到一方被杀死为止，活着的一方就是胜诉者。有的规定决斗时可以休息三次。有的还规定决斗的双方必须有相同的社会地位，不同社会地位的人不能进行决斗，对决斗使用的武器也做了严格的规定，不能违背规定。以古捷克为例，决斗只能在同一个等级的人之间进行，绅士对绅士、领主对领主、农民对农民。如果当事人双方不属于同一个等级，不能进行决斗。而且不同的等级用来决斗的武器也不同。绅士、领主使用短剑和盾；农民或平民则无权使用短剑和盾，而只能使用棍棒来互相搏斗。

除了这三者神示证据证明方法外，还有火审、十字形证明、卜卦和抽签等。火审是用火或者烧红的铁器对被告人进行考验，显示神的意志，判定当事人的陈述是否真实以及刑事被告人是否有罪。比如9世纪法兰克人的有关法律规定：凡犯盗窃罪，必须交付审判，如在审判中为火灼伤，即认为不能接受火的考验，处以死刑。反之，如果不为火灼伤，则可允许其主人代付罚金，免处死刑。以受审者是否被火灼伤，来确定其刑罚是火审的特征。十字形证明是基督教式的神示证明方法，让当事人面对面站立，两臂左右平伸，两腿并拢，使身体呈十字形接受神的考验。以站立时间较久的一方当事人胜诉，被认为是神给了他力量，他的陈述是真实的，而保持十字形站立时间较短的一方当事人败诉。卜卦和抽签是指当事人双方将争讼的事实向神祷告，然后进行占卜。法官根据签牌所显示的图像，判定谁是谁非以及哪一方当事人的陈述是真实可靠的，确定胜诉和败诉。

（三）神示证据制度的意义

神示证据制度的存在是建立神权统治的产物，是为维护当时奴隶主统治服务的。奴隶制社会由于生产力不发达、科学文化落后，人们愚昧无知，普遍相信神灵的存在，相信神能明察秋毫、主持公道、保护善良、惩治邪恶，是万物之主。对于在诉讼中难以查辨的是非问题，就自然求助于神，把神意的显示作为确认证据真伪的标准。现在看来，神示证据制度以客观唯心主义为指导，是十分荒谬的，是不可能查明案件事实的。但是在当时的历史条件下，神示证据制度的产生和长久存在是符合当时历史条件的，并非毫无意义。神示证据制度对维护当时的社会秩序起到了积极作用。由于人们信奉神灵的存在和威力，双方当事人面对象征公正和正义的神灵，不可避免地产生巨大的心理压力，害怕遭到神的惩罚而不敢不讲出真实情况。这样在特定的情况下，不科学的做法对于确认案件的真实性也就具有了实际意义。它能够控制和强制人们的心理，在一定程度上可以使真正的违法者和犯罪者受到追究，有助于诉讼任务的完成，达到诉讼目的，维护当时社会的稳定。

神示证据制度是奴隶主阶级迎合了人们信奉神灵，在相当程度上自觉地利用神来控制社会，维护其统治。奴隶主阶级巧妙地利用了人们的愚昧无知和宗教迷信，推行神示证据制度，而且按照自己的意志来确定显示神意的方式，有利于奴隶主阶级按照自己的需要，灵活地适用法律巩固自己的统治地位。神示证据制度的理论基础是客观唯心主义，思想基础是宗教迷信，其证明方法是形而上学的。神示证据制度的证明方法不仅简单粗糙，而且片面单纯。例如十字检验法、卜筮、抽签就像是玩一种非此即彼的游戏；决斗又完全是依靠人的身体力量来决定的，操作性低，任意性大，不可能正确认定案件事实。而且随着社会生产力发展水平提高，科学文化进步，人们认识事物的能力提高，便会降低对神的迷信和敬畏程度，认识到神示证据制度的反科学性，进而否定这种证据制度。

二、法定证据制度

（一）法定证据制度的概念

所谓法定证据制度，是指法律根据证据的不同形式，预先规定了各种证据的证明力大小以及审查判断证据的规则。法官不能按照自己的意志和见解去自由判断证据，而必须严格按照法律规定去认定案件事实和处理案件的证据制度。法定证据制度不要求证据符合案件的客观真实，但是要求证据必须符合规定的形式真实，所以法定证据制度又被称为形式证据制度。法定证据制度是人类意识发展的必然产物。随着生产力的发展和社会的进步，旧的奴隶制生产关系已经不能适应社会生产力发展的要求。西方各国在 15 世纪建立起封建专制国家，在 16 世纪到 18 世纪之间，法定证据制度发展到了全盛时期，其影响一直到 19 世纪中叶。当时欧洲大陆法系各国的法典中，普遍规定了法定证据制度。

法定证据制度产生的历史条件是：一方面生产力的发展不仅推动了社会的进步，人类的意识也随之迅猛地发展。经过长期的司法实践，人们摆脱了愚昧，发现了人类可以认识客观存在的事物，也摸索到了诉讼的一些内在规律，如被告人的真实供述有助于查清案件事实，真实的证人证言有其重要意义。人类凭借自己的力量能查明案件事实。神本身是一个虚构的抽象物，没有必要跪拜在神的脚下靠神灵的启示去解决争讼。另一方面人类意识的发展为否定神示证据制度奠定了思想基础，同时法定证据制度是确立封建经济制度、实现中央集权的必然结果。在封建制社会中，土地归地主阶级所有，农民成了固定在土地上的劳动者，具有极强的依附性，没有独立的人格。皇帝是最高统治者，也是全国最大的地主，属下的臣民都是皇帝的奴仆。在这种情况下，臣民之间的争讼不被认为是私人之间的事，臣民的犯罪更被视为是对社会利益的侵害。诉讼的形式以纠问式诉讼取代了弹劾式诉讼，无论是否有被害人告诉，国家司法机关都有权主动追究犯罪。当时西方各国处于封建割据状态，各自为政，封建统治阶级为了建立统一的法制，加强中央的权力，削弱封建主的权力，有必要按照皇帝的意志在法律中预先规定一些规则，要求各地法官遵照统一的法律去解决诉讼的问题。在诉讼上取消法官的自由裁

量权，将司法权收归中央，以适应中央集权的政治需要。

（二）法定证据制度的主要特点

（1）法律对各种不同证据的证据力都作了具体的规定，甚至达到了量化的程度。在法律中预先规定各种证据的证明力和判断证据的规则，这是法定证据制度的一个首要特点。根据法定证据的理论和规则，在法律中预先规定了各种证据的证明力，把证据分为完全的（或称完善的）和不完全的（或称不完善的）两大类。完全的证据是指法律规定能够据以认定案情的确实的充分的证据；不完全的证据是指法律规定的其有一定可信性，但不足以认定案情的证据。在不完全的证据中，又划分为不太完全的、多一半完全的、少一半完全的。法官在运用证据时，可以用数学的方法，多个不完全的证据可以构成一个完全的证据，并据以定案。

（2）证据的证据力并非由审理具体案件的法官结合案情予以判断，而是由立法者通过法律来评价。其判断标准不是根据具体的个案而定，而是通过抽象的规则统一规范。被告人自白被认为是最完全的证据，是"证据之王"，是全部证据中最好的证据，对它的审查判断规定得特别详尽、具体。比如被告人自白必须是明确的，不是出于含糊的手势和符号；必须是完全的记忆并在健全理智状态下的陈述；必须是独立的和详尽的陈述；必须与重要各点和有关侵权行为的现有资料相符合；只有公文书证、书证的原本、对方当事人写作的证明才具有一定的证明力；等等。这些规定是在法律中根据证据的形式确定其证明力，其中有一些是司法实践经验的总结，但是从总体上看，法定证据制度是以形式决定内容的观念为基础的，因而它是反科学的。

（3）法定证据制度要求法官判断证据认定案件事实，必须符合法律规定的形式真实，法律是绝对性的依据。法官在诉讼中不能自由判断证据的证明力，要求必须符合法律规定的形式真实，只能机械地按照法律规定进行数学运算，将几个不完全的证据相加成一个完全的证据，符合法律对证据证明力所作的绝对性规定。

（4）明显的封建等级特权观念。封建制社会的阶级本质决定了法定证据制度的这一特点。在证人证言的证明力的规定中，这一特点表现尤为明显。比如规定如果证人证言发生矛盾，男人的证言优于妇女的证言，学者的证言优于非学者的证言，显贵者的证言优于普通人的证言，僧侣、牧师的证言优于世俗人的证言。

（5）在刑事诉讼中刑讯逼供合法化。在纠问式诉讼中，被告人不是诉讼主体，没有任何诉讼权利，却有招供的义务。被告人自白又是全部证据中最好的证据，对被告人进行刑讯逼供是法定的程序。许多法典对刑讯都有明确的规定，被告人只是刑讯的对象、诉讼的客体。如规定假如某人被怀疑对他人有损害行为，而犯罪嫌疑人被发觉在被害人面前躲躲闪闪、形迹可疑，同时犯罪嫌疑人又可能是犯这类罪的人时，那么这就是足以适用刑讯的证据。按法定证据制度的要求，不完全的证据虽然不能作为认定被告人有罪的根据，但却可以成为对被告人进行刑讯的根据。如果经过刑讯逼供，仍然不能取得被告人认罪的自白，则可以根据不完全的证据作出"存疑判决"或"有罪判决"，实行有罪推定法。在法定证据制度中，过高地评价了被告人自白这种证据的作用，更严重的是依靠刑讯逼供的手段来取得这种证据，被告人自白的效力愈大，被告人所遭受的痛苦也就愈深，对案件事实的认定离真实也就愈远。在刑讯逼供泛滥的情况下，案件的真实性完全是一纸空文。

（三）法定证据制度的意义

法定证据制度在欧洲大陆国家的出现是与其当时中央集权的

君主专制国家为打破地方封建割据、限制地方司法权力而创设全国统一的司法体系相呼应的，对消除各地在诉讼中运用证据的混乱状况具有积极意义。同时，我们应当看到，法定证据制度中的一些认证规则在一定程度上总结和反映了当时运用证据的某些经验，与神示证据主义相比，法定证据制度是证据制度发展史上的一大进步，有着合理的内核。从法定证据的具体设置来看，虽然其无法保证每一案件的真实发现，但其对于相当比例的案件的真实发现所起作用是毋庸置疑的，至少法定证据的普遍认知性可以强化认定结果的可接受性。不可否认，社会现象千差万别，对证据的证据能力有无及证明力大小的判断不可能设计出具有普适性的万能公式。经验法则的无限性和盖然性决定了我们不可能将所有的经验上升为规则，往往要结合具体情况依凭人们的经验和常识等进行灵活判断。法定证据制度在发现客观真实方面比神示证据制度前进了一步。神示证据制度是荒唐的。依靠虚构的神灵启示来判断证据，不可能认识案件的客观真实。法定证据制度是作为神示证据制度的否定物出现在历史舞台上的。虽然这种证据制度本身也是不科学的，但是它的某些规则，如只有一个可靠证人的证言不能认定案情等，是人类进行诉讼总结出来的经验，体现了人类认识能力的进步和发展。尽管法定证据制度是形式上的真实，但是它强调了对证据的判断，有利于去发现真实。法定证据制度的建立，使法官的专横受到了限制，促进了中央集权的形成，促进了社会生产力的发展。法定证据制度是顺应历史潮流，适应封建君主统治的政治需要而建立的。它剥夺了法官自由审查判断证据的权力。法官不是按个人意志办理案件，而是必须严格按照法律的规定来判断证据，给人们一种貌似公正的错觉，便于封建君主进行统治，促进了社会生产力的发展。另外，在封建割据状态下实行法定证据制度，促使法官脱离封建领主的控制，只服从皇帝统一制定的法律，从而使原来的混乱的司法机关和诉讼制度逐步转化为全国统一的司法机关和诉讼制度，促进中央集权的形成。法定证据制度预先在法律中对各种证据的证据力、审查判断证据的规则作了明确的规定，迫使法官只能按照法律的规定行使职权，有力地防止了司法专横与武断，在客观上推动了社会的进步和发展。但是法定证据制度只追求形式上的真实，错误地把个别的、局部的经验无条件地奉为普遍性的规律，适用于一切情况，而且要求法官不能有自己的意识，只能机械地适用法律，导致了不可能真正把握诉讼的内在规律和证据制度的本质内容，不可能查明案件的真实情况的结果。从证据制度的发展看，经验或逻辑本身多少还是蕴含着一些基本的规则。随着人们经验的积累和对事物认识的不断深化，立法者仍然可以将这种经验或逻辑背后所蕴含的规则进行归纳和整理，使之成为看得见的规范。证据立法即是一个将从经验法则提升为法定规则的过程，对认证制度的规范尤为如此。因此法定证据制度被其他证据制度代替这是一个自然的过程。法定证据制度是封建地主阶级的统治工具，随着封建制度的建立而产生，最终也必然随着封建制度的消亡而消亡。

三、自由心证证据制度

（一）自由心证证据制度的概念

自由心证证据制度是指对证据的取舍与证明力法律预先不作规定，而由法官根据其内心确信去自由判断证据，认定案件事实的证据制度。"自由"是指法官凭"良心"和"理智"判断证据，不受任何约束和限制。"心证"是指法官通过对证据的判断所形成的内心信念。心证达到确信不疑的程度叫作确信。所谓内心确信，其一必须是从本案情况中得出的结论；其二必须是在对一切情况的判断和酌量的基础上形成的；其三，考察判断的时候，这些情况必须不是彼此孤立的，而是它们的全部总和；其四，内心确信必须依据每一个证据的固有性质和它与案件的关联加以判断。

（二）自由心证证据制度产生的历史条件

自由心证证据制度是对法定证据制度的否定。18世纪末到19世纪初，欧洲各国资产阶级革命先后取得胜利，随着封建专制制度的崩溃，法定证据制度也就必然为新的证据制度代替。

1. 法定证据制度的弊端及资产阶级思想家对它的批判是自由心证证据制度产生的必要条件

法定证据制度压抑人性，否定法官审查判断证据的能动作用，要求法官机械地依照法律去认定案件事实，与资产阶级的新思想、新观念是根本对立的。资产阶级思想家认为法定证据制度窒息了法官的良心和理性，束缚了法官的手脚。法定证据制度只要求形式真实，不利于灵活有效地运用证据去追究危害其统治的犯罪。法定证据制度中刑讯逼供的规定和明显的封建等级观念同资产阶级的"法律面前人人平等"、民主、自由、保护人权是直接对立的，正是法定证据制度这些弊端，资产阶级思想家对此进行了强烈的抨击，为自由心证证据制度的建立创造了必要条件。

2. 自由心证证据制度的产生顺应了历史潮流，是历史发展的产物

资本主义生产方式的产生、发展，要求作为上层建筑的资产阶级政治、法律制度也相应地变化。在诉讼中，以混合式诉讼制度取代了纠问式诉讼制度。混合式诉讼制度要求控辩双方是平等的诉讼主体，法官在听取控辩双方意见的基础上作出裁判，以保证裁判的公正和合理。法定证据制度不适应混合式诉讼制度的需

要，被告人是诉讼主体，不再是诉讼客体，法官不能再依靠刑讯的方法取得被告人的口供。另外，混合式诉讼否定法官在判断证据上受严格的约束，要求法官听取控辩双方的意见和辩论，形成内心确信便可以定案。

3. 自由心证证据制度是适应资产阶级的政治需要而产生的

资产阶级革命取得胜利以后，要维护其统治就迫切需要一种貌似公正又能灵活运用，有效追究犯罪，保护资产阶级利益的统治工具。法定证据制度束缚了法官的手脚，而且规则繁琐不利于追究犯罪和打击犯罪，于是一种符合资产阶级思想意识，适应资产阶级政治、经济需要的自由心证证据制度便应运而生了。

（三）自由心证证据制度的主要内容

1. 作为法官认定案件事实基础的证据方法无限制

自由心证证据制度否定法定证据制度机械的法律规定，而以"人类共同理性"作为审查判断证据的标准。这是人类思想意识的一个飞跃，是一次有意义的变革。人类不再是封建统治和神权的奴隶，而是能够认识客观存在的事物的主体。"人类共同理性"是指包括法官在内的人类天生具有的良知和良能，即良心、理智、公平感、正义感等意识，实际上"人类共同理性"也是一个虚构的抽象物，是资产阶级的灵魂按资产阶级的需要去审查判断证据处理案件。

法官对各种证据的真伪、取舍以及证据证明力的大小，凭自己的"良心"和"理智"进行判断，法律不作任何限制，也不受什么规则的限制，其判断是自由的，无规律可循，也无什么具体方法。

2. 法官依经验法则对证据力进行自由评价

自由心证证据制度要求法官对证据进行审查判断，对案情的认定必须形成内心确信，即在内心深处对自己的判断是确信不疑的，并且已经排除了合理怀疑才能依此认定案件事实。

3. 确立了具有现代意义的证明原则

第一，直接言词原则。直接言词原则是直接原则和言词原则的合称。它是指办案人员必须亲自了解案情，其基本要求是法庭审判必须以直接言词方式进行。法官、检察官必须亲自在法庭上听取被告人、证人以及其他诉讼参与人的陈述，由控辩双方对案件事实和证据进行质证、辨认，各种证据唯经法庭直接审理才具有认定案件事实的效力，不允许以宣读以前的讯问笔录或书面意见代替直接讯问。直接言词的目的在于保证法官直接听取控辩双方的意见，形成内心确信，正确地认定案件事实和作出结论。

第二，法律推定原则。法律推定原则是指法律明确规定，当确认某一事实存在时，就可以据以推定另一事实的存在，对这种被推定的事实不需要加以证明。法律推定原则可以分为绝对推定和相对推定两种。绝对推定是指所推定的事实已被证明，不能再有争议，如七岁以下儿童被推定为无犯罪行为能力的人。相对推定是指法官所作的推定如反驳证据成立，原推定则无效。如某人占有赃物，如果他不能作出合理解释或者说明，则可以推定他为盗贼。

第三，无罪推定原则。无罪推定是指凡受刑事控告者，在未经依法公开审判证实其有罪前，应被视为无罪的人。无罪推定是有罪推定的对立物，其目的在于从根本上否定刑讯逼供的合法性，是诉讼民主化的表现。其内容有：在被告人有罪无罪、罪重罪轻疑惑不决时，应当作出有利于被告人的结论；证明被告人有罪的责任，由控诉一方承担；被告人应当有沉默权，被告人拒绝陈述，不应作为有罪的根据。

（四）自由心证证据制度的意义

自由心证证据制度推进了诉讼民主化的进程，反映了人类共同的愿望。首先，自由心证证据制度从法律上摒弃了残酷的刑讯逼供，否定了体现封建特权的各种规则，实行无罪推定原则。这不仅在证据制度史上，而且在刑事诉讼制度史上也是历史上的重大进步和革新。其次，自由心证证据制度强调直接言词原则，法官必须在听取控辩双方意见的基础上形成内心确信，被告人在诉讼中是诉讼主体，享有辩护的权利，公民的基本权利得到了一定的尊重，在客观上也反映了广大劳动人民的愿望，推动了历史的进步。此外，自由心证证据制度有利于法官摆脱法律的束缚，使法官可以按照自己的良心、理智去独立地审查判断证据，可以充分发挥自己的才智，有可能从实际情况出发，运用证据，查明案件情况。法官在认定案件事实时更具有客观性，更接近于案件的客观事实。这在一定程度上体现了科学性和合理性，符合客观的要求。自由心证证据制度与法定证据制度相比较，毫无疑问是历史的进步。

自由心证证据制度以主观唯心主义为其指导思想，以康德学派的不可知论为哲学基础，认为自在之物是不可认识的，经验和感觉是知识的唯一来源。因此法学家认为，法院调查证据的判定没有可疑是不可能的，在裁判方面没有也不可能有绝对的确实性，只能满足于较强或较弱的盖然性。自由心证证据制度虽然解放了法官，但是对法官判断证据的要求是必须形成内心确信。如果仅仅满足于盖然性，其结果就有两种可能性，或者放纵违法行为，或者冤枉无辜，不能保证查明案件的真实情况，因此自由心证证据制度存在认识的局限性。

四、内心确信证据制度

（一）内心确信证据制度概念

内心确信证据制度是指允许审判员按照自己的内心确信来判断证据。内心确信证据制度是苏联实行的一种特殊的证据制度。内心确信证据制度采用了自由心证的形式，但是它与自由心证证据制度又不同，主要区别是：内心确信证据制度不是凭什么法官的良心和理智形成内心确信，内心确信的形成必须依靠马克思列宁主义、社会主义法律意识和审判员的业务知识等。所以，苏联的内心确信证据制度已经否定了自由心证证据制度，是一种新的证据制度。

（二）内心确信证据制度的特点

内心确信证据制度认为证据是调查机关、侦查员和法院依照法定程序收集的据以证明案情的任何实际材料，以及对于正确解决案件具有意义的其他情况。苏联证据学家认为，自由心证证据制度把证据完全看作是主观的是不正确的，把法官的主观方面与客观属性对立起来是错误的。作为证据的客观事物是不依法官的意识而存在的，但是作为证据的客观属性必须通过法官的主观领会才能被认识，才能用证据来认定案件事实。审查判断证据，运用证据来认定案件事实，是主客观的结合。这一认识是一个重大的飞跃，认识到了证据的客观属性，其意义是非常深远的。

内心确信证据制度的证据种类有：证人的陈述、被害人的陈述、犯罪嫌疑人的供述、刑事被告人的供述、鉴定人的意见、物证、侦查行为和审判行为笔录及其他文件。在内心确信证据制度中，关于证据的种类有如下特点：第一，把犯罪嫌疑人供述作为一种单独的证据，使之区别于被告人供述。第二，把侦查行为和审判行为笔录作为一种独立证据。侦查行为笔录相当于我国的勘验检查笔录，审判行为笔录是根据审判人员感知所制作的。第三，其他文件作为证据。其他文件是指能够反映案情的各种情形的记载，如关于身份或年龄的证明文件等。内心确信证据制度不仅建立了证据种类理论，而且还根据证据的表现形式、来源、特性、固有内容为标准对证据作了理论上的分类：人证和物证，原始证据和传来证据，有罪证据和无罪证据，直接证据和间接证据。证据分类的理论也是内心确信证据制度的首创，为我国证据理论所接受。

审查判断证据的标准是内心确信。苏联法学界认为：内心确信是指审判员心理上对案件所作结论的正确性与可靠性的信念。这种信念是审判员对案件内部的各种证据进行调查研究分析，综合和推理判断之后产生的，是审判员的心理和理智活动的结果。它使审判员内心对案件的认定和裁判是深信不疑的。内心确信的形成，包括主观和客观两个方面的因素。客观因素是指审判员形成内心确信必须符合案件的实际情况，是审判员借助自己的感觉器官，如视觉、听觉、嗅觉、触觉等，直接感知到由各种不同证据所提供的事实。苏联证据学家们断言，审判员内心确信的形成不是审判员从主观想象出发所能形成的，而是按诉讼程序收集的各种客观存在的证据作用于他的感官的结果，并且这种客观因素是形成审判员内心确信的决定性因素。审判员形成内心确信的主观因素是指审判员的观点、思想和法律意识。审判员内心确信的形成不是一般地认识案件，不仅要了解案件是怎样发生的，为什么会发生，而且要理解案件发生对社会的影响和危害，以及如何依照法律正确进行裁判。审判员的一系列活动，必然是与他的思想、观点、法律意识分不开的。审判员的世界观是审判员形成内心确信的重要因素。因为审判员在审理案件过程中，总是要通过自己的世界观来裁判案件。因此审判员的政治观点、道德标准、意识形态就成了观察案件、判断证据的标准。内心确信证据制度强调马克思列宁主义的辩证唯物主义和历史唯物主义是审判员世界观的基础，指导审判员形成正确的内心确信。审判员的社会主义法律意识对其形成内心确信起着决定作用。内心确信永远同法律意识有机联系着。因为审判员的法律意识不但指导他分析案情，而且能帮助启发他认识被告人的犯罪对社会造成的危害和影响，从而正确地做出裁判。审判员的业务能力和生活经验对审判员也起着一定的作用。因为审判员的阅历广、业务熟悉，就能帮助他对证据作出准确的分析判断，形成对案件处理的正确信念。苏联的证据学家认为，审判员的内心确信应当具有下列特点：第一，刑事案件中内心确信反映着审判员关于犯罪事实及其对犯罪人的结论的正确性和可靠性的信念。第二，内心确信并不是审判员的经不住批判的本能的印象，而是审判员从各种证据中推论出来的结论，因此它是合理的。第三，内心确信必须是遵守诉讼法规所确定的一切原则，运用各种证据来论证案件事实。第四，内心确信是以综合判断案件的一切证据为根据而形成的。第五，内心确信是与审判员的社会主义世界观、法律意识和业务水平密切地联系着的。

苏联证据学家认为，真理既是绝对的又是相对的，相对真理与绝对真理之间没有不可逾越的界限。因此，要求法院把绝对真实从它的判决里体现出来，这显然是在审判条件下不可能完成的任务，法院只能以最大盖然性的观点作出判决。最大盖然性是苏联内心确信证据制度的证明要求。

（三）内心确信证据制度的意义

苏联内心确信证据制度作为司法制度的重要组成部分，在巩固无产阶级胜利成果方面发挥了巨大作用，在证据发展史上是一重大进步。首先，十月革命胜利后，在革命政权处于帝国主义白色恐怖包围中，苏联运用内心确信证据制度成功地审理了一批案件，沉重地打击了敌人的反抗和破坏，保障了司法权的正常行使，捍卫了革命的胜利果实。其次，内心确信证据制度批判了自由心证证据制度的唯心主义，自觉地以辩证唯物主义为指导，强调了世界观和社会主义法律意识的能动作用，以革命的良心和理智取代了资产阶级法官的良心和理性，在认识案件的客观真实上前进了一步，最大限度地保证了裁判的公正性和客观性。再次，苏联内心证据制度首次科学地划分了证据的种类和理论上的分类，有助于审判员根据证据的不同特征去审查判断证据，正确认定案件事实。证据在理论上的分类有助于从理论上研究证据，针对不同证据选择不同方法去收集和运用。这些理论是证据发展史上的重要贡献，具有极其深远的影响。但是内心确信证据制度是在批判自由心证证据制度的基础上，利用它的形式，充实以新的内容，其本身具有很大的历史局限性。首先，苏联内心确信证据制度本身存在有不可克服的内在矛盾。形成内心确信的主观因素本应是相互统一的，但苏联内心确信证据制度却把二者对立起来，片面强调主观因素的作用，强调了审判员法律意识的作用，为办案人员主观臆断开了绿灯。苏联 20 世纪 30 年代肃反扩大化的错误与上述观点是有一定关系的，是应当记住的一个教训。其次，内心确信证据制度一方面承认社会主义法律意识是以辩证唯物主义为根据的，另一方面又认为社会主义法律意识在判断证据起决定作用。然而辩证唯物主义是不承认任何意义上的主观因素起决定作用的，在理论上具有不可克服的内在矛盾。再次，内心确信不能成为审查判断证据的标准。内心确信实质上是人的认识问题，作为内心确信应当符合事实，内心确信不应成为审查判断证据的标准，因此其理论基础仍然没有摆脱主观唯心主义。

第五章 中国证据制度的历史

我国证据制度的发展是一个漫长的历史过程，各个历史阶段证据制度的内容和它发生、发展、变革的历史背景是一脉相承的。

一、奴隶社会的证据制度

奴隶社会主要采用的是神示证据制度，也叫神明裁判。它是和控诉主义诉讼制度相适应的一种证据制度。这种证据制度的证据种类有：物证、原被告的陈述、证人证言、宣誓、当事人的身体力量、宗教迷信力量。在处理过程中，原被告如果是各说各的理由处于争执不下时，法官对被告人是有罪还是无罪的问题，不是通过调查研究取得证据事实来证明案情的真实性，而是求助于超自然的力量，即神灵的旨意来判断。前边说的那几种证据，也不是现代意义上的证据。所以灼铁法、沸汤法、决斗法、卜筮法、河水法、神兽法、宣誓法等，就成了神示证据制度所要求的基本证据和证明方法。这种证据制度之所以产生，是因为奴隶制社会生产力十分低下，人们愚昧无知，政治上又实行神权统治。在那个历史时代，人们信奉神灵，认为神是主宰一切、洞察一切的。人间的邪恶行为可以骗过人们的耳目，但不能欺骗神灵。所以对于诉讼中出现的难以辨明的是非问题，就求助于神灵来判断。统治阶级对神也是虔诚的，他们利用人们的愚昧无知和宗教迷信，用这种证据制度断狱析讼，借以达到维护和巩固自己统治地位的目的。这种证据制度具有原始性、野蛮性、残酷性和宗教迷信的特色，现在看来是十分荒唐的，但是在那个历史时代，它对于断狱析讼还是有一定的作用。因为人们都迷信神灵，对神灵是十分敬畏的，害怕在上述那种证明方法面前如不诚实会遭到神灵的惩罚，所以就不敢隐瞒案件的真实情况而不得不在法官面前如实陈述。

二、封建社会的证据制度

我国封建社会自秦汉到明清都有成文法。在这些法典中规定有证据制度的法律规范，它有许多显著特点：第一，形式主义。在中国封建社会的中央集权制与封建诸侯地方割据的斗争中，虽然未像欧洲那样反映到刑事诉讼立法上用形式主义的观点以法律的形式规定证据的种类和证明力，但中国封建社会的证据制度的形式主义表现也是很突出的。从秦、汉以来到清王朝所实行的证据制度，其形式主义的表现主要是表情证据，即根据被告人在庭审时候的心理活动的表情，作为查明案情和确定被告人有罪或无罪的证据。《周礼》称这种表情证据为"以五声听狱讼，求民情"。这里说的"听"就是审问的意思。所谓"以五声听狱讼"："辞听，观其言不直，则烦"，"色听，观其颜色不直，则赧然"，"气听，观其气息不直，则喘"，"耳听，观其听聆不直，则惑"，"目听，观其眸视不直，则眊然"。对于这种"以五声听狱讼"的证据法则，历代封建王朝都奉为听讼断案的金科玉律。第二，据众证定罪，即根据三个以上证人的证言就可定罪判刑。这和欧洲的法定证据制度一样，判断证人证言的证明力，不是根据证人证言是否符合实际，是否如实地反映了案情，而是看证人的人数多寡。欧洲的法定证据制度规定了有两个可靠证人的证言就是完全可靠的证据。据《唐律疏议》，"据众证定罪"，有"三人以上证其事"就可定案。不过还有一个不同点，"据众证定罪"的运用，只限于那些年过 70 岁或 15 岁以下的及那些有疮病不适合拷打的被告人，只限于贵族及其亲属等人。第三，罪从供定。这种口供主义的证据制度和欧洲封建社会的法定证据制度一样，都是把被告人的口供视为最好的证据，称为"证据之王"。就是说只要是被告人亲口供述的东西，不管供述的是真的还是假的就要作为定案判刑的完全可靠的证据。第四，口供主义，刑讯逼供。口供主义的证据制度和刑讯逼供的证明方法是一对孪生兄弟，同胎于纠问主义诉讼制度。有口供主义就有刑讯逼供。刑讯逼供是法定证据制度的也是中国封建社会诉讼证据制度的基本证明方法。中国历代封建王朝的法律对于刑讯逼供都有明文规定，并且随着阶级斗争的发展变化规定得越来越具体。刑讯在魏晋南北朝时期，逐步走向规范化，不仅规定了刑讯的方法、刑具的种类、拷打的部位，还规定了用刑的限度。刑讯逼供的规范化，是地主统治阶级对刑讯经验总结的结果。历代封建统治者为了刑讯逼供，达到罗织罪名的目的，又制造了各种残酷的刑具。对于刑具的制作，刑具的尺寸、规格、用料，又用法律作了详细的规定。唐宋以来，对非法刑讯实行反坐法。这是因为刑讯是为了逼供，逼供又是为了定罪判刑。因为法律的要求是"无供不定案"，所以又规定了用刑的限度。对于用刑的限度，不能看作是统治者的"仁慈"，而是服从于定罪判刑的需要。在事实上，虽实行反坐法，用刑罚来惩办和制止非法刑讯，但非法刑讯又得到了恶性发展。由此可以看出，中国封建社会的诉讼证据制度也是一种形式证据制度，只不过没有用法律形式规范而已。口供主义刑讯逼供就是中国封建社会诉讼证据制度的一大特点。

三、中华民国时期的证据制度

社会上任何事物的出现都要经历发生发展的过程。1840年鸦片战争之后，我国社会一步一步地沦为半殖民地半封建社会。由于人民革命运动的高涨，清政府为了欺骗人民、缓和阶级斗争，以维持其腐朽的反动统治，被迫"立宪""改革"。在司法制度方面，依照欧洲大陆的法系和日本的立法，起草了《法院编制法草案》（1909年）等法律。北洋政府在刑事诉讼制度方面基本上沿袭了清朝"立宪""改革"的那一套刑事立法，1921年颁布了《刑事诉讼条例》。1927年蒋介石叛变革命后，建立了地主、官僚买办资产阶级的封建法西斯专政。1928年至1932年和1945年曾仿效德国的刑事诉讼法，先后制定、修正并颁布了刑事诉讼法律，又继承了北洋政府的刑事诉讼制度。从清朝末年起，资本主义国家的刑事诉讼制度开始传入中国，资本主义国家的自由心证制度也列入了国民党政府的刑事诉讼法典。但是，由于几千年封建社会的纠问主义诉讼制度在中国是根深蒂固的，国民党政权又是地主、官僚买办资产阶级的封建法西斯专政，所以国民党统治时期的刑事诉讼制度，也是半殖民地半封建式的，即口供主义的、刑讯逼供的证据制度和自由心证制度的混合体。表面上虽颁布了禁止对被告人刑讯凌辱的法律，但国民党为了镇压革命，又颁布了许多所谓的"特别刑事案件"的诉讼法律。根据这些法律，对于共产党人和革命人士的案件，由特务直接掌握的特别法庭进行审判。他们采用了极其残暴和野蛮的手段进行逼供，以杀害革命人士。他们的刑讯逼供方法，既有从历代封建王朝那里继承下来的，又有从帝国主义国家那里进口的。如国民党重庆中美合作所的特务们使用的刑具就有一百二十种之多。"宁可错杀三千，也不放过一个"，这就是国民党政府迫害进步人士的那种诉讼制度的指导思想。所以说主观臆断、口供主义、刑讯逼供和金钱以及权势可以左右案情的真相，就是这个混合体的诉讼证据制度的一大特点。

四、新中国证据制度

新民主主义革命阶段包括第二次国内革命战争时期、抗日战争时期和解放战争时期。新民主主义革命战争取得胜利的革命道路是在农村建立革命根据地，以农村包围城市，最后夺取全国的革命胜利。所以在全国解放以前的各个革命根据地就建立有人民民主政权。有人民民主政权，就有人民司法工作，有诉讼活动，有诉讼制度和证据制度。但是人民政权仍脱胎于半殖民地半封建社会，因此半殖民地半封建社会的诉讼制度、证据制度的影响，就不可能不侵入人民司法工作中。纠问主义、口供主义、刑讯逼供、自由心证等，都或多或少地在人民司法工作中有所反映。针对这些问题，党中央和人民政府对于如何创立实事求是证据制度颁布了许多重要文件，这些重要的历史文件和毛泽东同志的指示是创建人民司法工作的重要历史文件和指示，也是彻底清除封建社会遗留下来的纠问主义诉讼制度残余的历史文件，彻底清除封建社会遗留下来的口供主义的刑讯逼供的证据制度残余的历史文件，彻底废除了国民党政府的诉讼制度、自由心证制度的重要历史文件。也就是说，实事求是证据制度就是根据这些重要历史文件和指示，在诉讼活动中跟旧中国口供主义的刑讯逼供的证据制度的斗争中发展起来的。

在抗日战争时期，各解放区的人民司法工作者，根据人民政府的立法文件和毛泽东同志的指示，按照辩证唯物主义认识论的原理，从当时各解放区的实际情况出发，创造了携卷下乡、深入实际、依靠群众、实地调查研究的采证方法和在人民群众中实事求是的就地办案的方式。1949 年以后的相当长一段时间，我国证据法理论对自由心证主义是持否定甚至批判态度的。传统观点认为：一方面，我国没有经历过欧洲国家那样的法定证据主义时代，所以不存在自由心证产生的历史条件；另一方面，自由心证主义仅凭法官的"良心"来判断证据，自然是不受客观实际的限制和检验的，其有悖于唯物主义的认识观。因此，改革开放后颁布的三大诉讼法典的证据部分均未提到法官自由心证的只言片语，司法实践中对其也是讳忌莫深。随着对这一问题认识上的不断深入和发展，我国理论界和实务界逐渐意识到传统看法的不正确。法学界专家们认为：我国不存在法定证据主义的历史不能构成排斥自由心证主义的理由。自由心证原则虽始于对法定证据主义的批判，但其民主、公平和理性的精神却为现代社会所共通。不少现代法治国家，特别是英美法系国家，虽也没有经历法定证据主义阶段，但审判实践中基本上都贯彻了自由心证主义的精神。我们不能仅以是否在法律中明确提出自由心证的概念作为判断一国是否确立该原则的唯一标准。许多国家仅是因为历史原因才未把自由心证形成文字，但历史的作用仅此而已，它只能造成这种表面上的差别，而对于已融入审判实践精髓之中的自由心证主义的精神则无能为力。此外自由心证主义虽然赋予法官较大的自由裁量权，但绝不意味着法官可以毫无限制地自由专断。心证的形成，必须以人类的共同认识能力和方式为基础，必须符合理论法则与经验法则，必须受到诸多外部机制的制约。理论界及实务界对自由心证主义认识的转变反映到规则层面，最突出的表现便是最高人民法院在《民事证据规定》中对自由心证主义进行了突破性的规范。《民事证据规定》第 64 条规定：审判人员应当依照法定程序，全面、客观地审核证据，依据法律的规定，遵循法官职业道德，运用逻辑推理和日常生活经验，对证据有无证明力和证明力大小独立进行判断，并公开判断的理由和结果。同项司法解释第 66 条进一步规定：审判人员对案件的全部证据，应当从各证据与案件事实的关联程度、各证据之间的联系等方面进行综合审查判断。而《民事证据规定》第 63 条"人民法院应当以证据能够证明的案件事实为依据依法作出裁判"的规定则明确了自由心证主义的重要内容之一，即法官对事实真伪的判断应以证据调查结果为依据。《民事证据规定》第 73 条第 1 款规定：双方当事人对同一事实分别举出相反的证据，但都没有足够的依据否定对方证据的，人民法院应当结合案件情况，判断一方提供证据的证明力是否明显大于另一方提供证据的证明力，并对证明力较大的证据予以确认。《民诉法解释》第 108 条规定：对负有举证证明责任的当事人提供的证据，法院经审查并结合相关事实，确信待证事实的存在具有高度可能性的，应当认定该事实存在。这些规定确立了我国民事诉讼中法官形成内心确信的标准——高度盖然性。根据这些规定，在我国的民事诉讼中，裁判者若依据日常经验对某一案件事实之确信达到排除较大的合理怀疑的程度，疑问即告排除，事实即可认定。

《民事证据规定》在确立自由心证主义的同时对法官的自由心证作了一些限制：

（1）补强规则，即特定的情形下某种证据不得作为法官认定案件事实的唯一依据。《民事证据规定》第 69 条规定，下列证据不能单独作为认定案件事实的依据：①未成年人所作的与其年龄和智力状况不相当的证言；②与一方当事人或者其代理人有利害关系的证人出具的证言；③存有疑点的视听资料；④无法与原件、原物核对的复印件、复制品；⑤无正当理由未出庭作证的证人证言。"

（2）完全证据规则，即具备法定条件的证据经过质证环节后，法律直接肯定它的证据力，而不允许法官对其作自由评价。《民事证据规定》第70条规定，一方当事人提出的下列证据，对方当事人提出异议但没有足以反驳的相反证据的，人民法院应当确认其证明力：①书证原件或者与书证原件核对无误的复印件、照片、副本、节录本；②物证原物或者与物证原物核对无误的复制件、照片、录像资料等；③有其他证据佐证并以合法手段取得的、无疑点的视听资料或者与视听资料核对无误的复制件；④一方当事人申请人民法院依照法定程序制作的对物证或者现场的勘验笔录。

（3）最佳证据规则，即在数个证据对同一事实都有证据力，不同的证据证明了相反的事实主张的情况下，法官关于各个证据证据力的大小的判断应遵循法定的判断原则进行。《民事证据规定》第77条规定，人民法院就数个证据对同一事实的证明力，可以依照下列原则认定：①国家机关、社会团体依职权制作的公文书证的证明力一般大于其他书证；②物证、档案、鉴定意见、勘验笔录或者经过公证、登记的书证，其证明力一般大于其他书证、视听资料和证人证言；③原始证据的证明力一般大于传来证据；④直接证据的证明力一般大于间接证据；⑤证人提供的对与其有亲属或者其他密切关系的当事人有利的证言，其证明力一般小于其他证人证言。

（4）心证理由公开。《民事证据规定》第79条第1款规定：人民法院应当在裁判文书中阐明证据是否采纳的理由。由此可见，我们对自由心证主义的态度是一方面肯定其能充分发挥人类理性及主观能动性进行证据评价的长处，并立基于此作相关的制度设计；另一方面也要认识到自由心证主义亦有其内在之不足，故须建立相应的制约机制，通过一定程度的标准化和外观化的措施克服其固有的主观随意的缺陷。

第六章　民事证据的分类

民事证据的分类是指民事诉讼法依据一定标准对各种民事证据加以归类。由于各个国家的历史传统不同，因此在证据种类上也有不同的规定。目前我国民事诉讼法将民事证据分为当事人陈述、书证、物证、视听资料、电子数据、证人证言、鉴定意见、勘验笔录八种证据。

一、当事人陈述

（一）当事人陈述的概念和特点

当事人陈述是指当事人在诉讼中就与本案有关的事实向法院所作的陈述。这种陈述包括原告、被告、共同诉讼人、诉讼代表人以及第三人的陈述。当事人陈述作为一种证据种类，具有以下特点：其一，从时间上一般限定在向法院所作的陈述，而法庭外陈述不作为当事人陈述；同时这种陈述相对其他证据在形成时间上具有明显的事后性。如一方当事人对另一方当事人庭外的陈述所作的转述，一般可以作为质疑另一方当事人不诚实的品格证据，不宜作为另一方当事人陈述。在现代法治国家的民事诉讼，基于言词原则的规制，事实主张的提出一般只能以当事人陈述的形式展示于法官面前。同时，各国民诉立法还将当事人陈述作为支持当事人事实主张的重要凭证，即将其作为民事诉讼的法定证据种类之一。我国现行《民事诉讼法》第 63 条第 5 项明确规定了当事人陈述的证据法地位，第 71 条对当事人陈述的适用方式作了规定，即人民法院对当事人的陈述，应当结合本案的其他证据，审查确定能否作为认定事实的根据。当事人拒绝陈述的，不影响人民法院根据证据认定案件事实。其二，当事人陈述具有双重性。一方面，当事人是案件的参与者，当事人对于案件的来龙去脉非常清楚，其所作的陈述应该具有真实性；另一方面，当事人与案件有直接的利害关系，当事人双方的利害关系又是相互对立的，在诉讼中求胜的心态和追逐私利的动机常常促使其只提供对自己有利的情况，只作利己性陈述，对自己不利的情况加以缩减，甚至避而不谈，导致陈述的内容具有一定的片面性。也就是说当事人基于自己的利益考虑以及趋利避害的本性，其陈述往往真假交错，甚至歪曲事实、虚构情节、弄虚作假。因此，当事人陈述具有真实性、全面性、客观性和虚假性、片面性、主观性的双重特征，甚至当事人双方对同一事实会作出完全相反的陈述。

当事人在诉讼中具有双重地位：一是作为诉讼主体，二是作为提供证据资料的主体即证据资料的当事人。当事人基于诉讼主体地位所为的陈述是对事实的主张，而其基于提供证据的主体地位所为的陈述则是对事实主张加以证明的证据资料。作为主张的当事人陈述是作为证据资料的当事人陈述提出的前提。在当今对抗制诉讼模式下，当事人必须提供支持自己诉讼请求的事实主张，在此基础上才需作证据资料层面上的陈述。若无事实主张的提出，作为证据资料的当事人陈述即无提供的必要。而作为证据资料的当事人陈述则为作为主张的当事人陈述成立的手段。当事人必须对自己的事实主张提供相应证据予以证明，当事人陈述作为重要的证据资料之一，其提供与否直接影响着法官对当事人事实主张的心证程度，成为其能否被确信的有力保障。当然，因各自所处的语境不同，两种当事人陈述之间存在的差异也十分明显。从性质上，作为主张的当事人陈述应被理解为是产生一定的法律效果的意思表示，究其实质应属准法律行为的范畴，具体来讲为一项观念通知。作为证据资料的当事人陈述从本质上讲是一种事实行为，此种形态的陈述不是以当事人的意思表示为要素，而是依法律规定直接发生一定的法律效果。当然，这并非意味着当事人在陈述时无任何内心意思，只是其意思与法律效果发生之间不存在直接的联系，仅会对法官的心证产生一定影响。从诉讼能力上看作为诉讼主体参与诉讼必须要求当事人具备诉讼能力，即达到法定年龄或精神状态，否则即不能亲自为事实主张或陈述，而应由其法定代理人代为之。而对于作为证据资料的当事人陈述，因其是一种事实行为，故于当事人为陈述时的诉讼能力不做要求。

（二）当事人陈述的内容

在民事诉讼中当事人陈述包括以下主要内容：①案件事实情况的陈述；②诉讼请求的提出、说明和案件处理方式的意见；③对证据的分析、判断和应否采用的意见；④对系争事实适用法律的意见等。当事人陈述一般基于一定目的，希望在诉讼中起到对自己有利的作用或影响。但是在诉讼中能起证明作用，可以作为证据使用的，只是当事人关于案件事实情况的陈述。它主要包括：①涉及实体法律关系和程序法律关系的各种事实；②民事争议的发生、发展经过；③其他对正确处理案件事实情况的陈述等。

（三）当事人陈述的分类

我国民事诉讼法没有对当事人陈述作出分类，在学理上根据不同的标准对当事人陈述作如下分类：

（1）根据当事人陈述的内容与案件事实的关系，可分为与案件事实有关的当事人陈述和与案件事实无关的当事人陈述。这种分类的意义在于明确当事人陈述与案件事实的关系，确认作为证据的当事人陈述的范围。当事人陈述只有涉及争讼事实情况的才可作为证据使用。与案件事实无关的其他陈述不具有证明作用，不应当作为证据使用。

（2）根据当事人陈述的形式不同，可分为当事人书面陈述和当事人口头陈述。当事人书面陈述是指当事人将有关案件的真实情况以文字的形式记录下来，作为证据提供给法院的书面材料。当事人口头陈述是指当事人对有关案件事实采用言词方式所进行的陈述。现代诉讼制度一般要求当事人亲自到庭参加审理，采用言词方式陈述有关案件事实，并接受质证，以便有利于直接言词原则的实现和事实真相的查明。

（3）根据当事人陈述的倾向性不同，可分为确认性当事人陈述、否认性当事人陈述和承认性当事人陈述。确认性当事人陈述是指当事人举出一定事实作为根据，以说明争议的实体法律关系存在的陈述。否认性当事人陈述是指当事人在诉讼中列举事实否认争议的法律关系存在的陈述。承认性当事人陈述是指一方当事人对他方当事人所提出的事实，明确表示予以承认的陈述。这种分类有利于正确判断当事人陈述内容的性质，确认其证明的事实范围以及处分权的行使。

二、书证

（一）书证的概念和特点

书证是指以文字、符号、图形等所记载的内容或表达的思想来证明案件真实的证据。这种载体之所以称为书证，不仅因它的外观呈书面形式，而更重要的是它记载或表示的内容能够证明案件事实。从司法实践来看，书证的表现形式是多种多样的。从书证的表达方式上看，有书写的、打印的，也有刻制的等；从书证的载体上看，有纸张、竹木、布料以及石块等；而具体的表现形式上，常见的有合同、文书、票据、商标图案等。因此，书证的主要的表现形式是各种书面文件，但有时也表现为各种物品。书证在诉讼中有着重要作用。在英国的诉讼历史上曾经出现过"文书审"的时代，后逐渐形成了"原本书证"的最佳证据规则。在我国的民事诉讼中，证据也是以书证为主，并出现了"唯书证主义"的倾向。

书证是最为常见、最为重要的证据之一。它作为一种独立的证据类型与其他证据相比具有以下特征：

第一，书证的内容具有思想性。尽管其载体或制作工具是客观的，其文字、符号、图形本身也是客观的，但其所表达的思想和记载的内容却具有主观性。因为书证载明的文字、符号、图形所表达的思想和意思归根结底还是人的思想和意思，在形成之时能够为人的意志所控制。一旦离开了书证的制作者，其他人对其内容和思想的理解就有可能出现不同。这一作品的"作者"与"读者"之间差异使得书证所表达的思想与意义常常与制作人原有的意思相分离，会与案件事实的真相保持一定的距离甚至截然相反，即使是制作人也因情况或者时间的不同而作不同的解释，以至于书证内容的思想性又带有一定的主观性。但是，书证相对言词证据而言仍然具有较强的客观性，只是这种客观性弱于物证而已。

第二，书证的载体具有物质性。书证无论是用于记载、制作的工具，还是记载书证内容和表达其思想的材料或者物品均具有一定的物质性。它们的制作工具具有一定的物质性，如笔、刀、血迹、棍棒等；其形成的方式具有一定的物质性，如书写、打印、绘制、雕刻、印刷、剪拼、涂抹、扫描、复写等；其承载的客体具有一定的物质性，如纸张、布料、墙壁、碑石、金属材料、地面、胶卷等。这些物质载体具有较强的物理属性，使书证相较于其他证据类型表现出不同的特征。尽管书证常常以书面形式出现，但证据的书面形式并不全为书证所特有，如证人证言也可能以书面形式出现。特别是其他证据类型采用书面形式固定、保全时，表明该种证据的保全方式与书证的表现形式相同，但证据保全方式不是划分证据种类的标准。如书面的证人证言应属于证人证言而不属于书证，当事人陈述笔录属于当事人陈述而不属于书证。

第三，书证具有证明上的直接性。书证是以文字、图形、符号等记载或表达的内容和思想来证明案件事实的证据。书证既然以其记载的内容和思想来证明案件情况，那么它所记载的内容或所表达的思想就必须能够被人们认识和了解。只要是有思想含义、供人了解的书面材料无论大小、多少，认识和了解的人数多寡都属于可供人们认识和了解的内容之列。这种证据虽然需要依附于一定载体，但它不是以载体或者表达这些内容的文字、图形、符号本身的形态来证明案件事实。书证的使用应当以理解文字、图形和符号的含义为基础。由于书证具有明确、具体并能够被人理解的特征，在一般情况下，人们能够依据其内容所表达的意义或者思想直接判断其与案件事实的关系，无须再经过中间的证明环节。这一特征体现出书证的直接证明案件事实的性质。

第四，书证的证明作用保持相对稳定性。人们为生存、交流与发展，每时每刻都在与他人进行交往和联系。人们相互交流与联系的方式，除了口头和肢体语言外，就是书面材料。许许多多的"书面材料"或者物品一旦形成，不仅其内容被固定，而且其形式也会保持相对稳定，一般不会受时间和空间变化的影响，并易于长期保持。在其形式没有被毁损之前，即使经历了数十年，甚至上百年仍然能够辨别和理解其内容。即使是年代久远的几代人传承下来的"契约",今天人们仍可知晓其内容和思想,并能够通过其文字、符号和图形等表达的内容和思想来确认案件事实。同时,书证一旦生成,其形式也很难改变,即使是被篡改、变造也易于被发现,利用科学技术还能够被恢复,从而获得对其的正确认识。

(二)书证的分类

依据不同的标准,可以对书证进行不同的分类。

(1)以制作书证的主体为标准分为公文书和私文书。公文书是指国家公务人员在职权范围内和企事业单位、社会团体在其权限范围内制作的文书。私文书是指公民个人制作文书。这种区分意义在于判断文书是否真实的方式不同。最高人民法院《民事证据规定》第77条第1款规定:国家机关、社会团体依职权制作的公文书证的证明力一般大于其他书证。之所以公文书证的证明力大于其他书证的原因在于单位制作的书证是经国家机关、法人或者其他组织依照一定程序和格式,在行使自己职权范围内制作的各种文书,例如人民法院的调解书、判决书,公证机关制作的公证书,婚姻登记机关颁发的结婚证、离婚证等。该类书证与其他书证相比更具客观性,只要没有相反证据加以推翻的话,其证明力应高于其他书证。

(2)以文书的内容和所产生的法律效果为标准可分为处分性书证和报道性书证。处分性书证是记载一定意思表示或行为而能设定、变更或消灭某一特定法律关系的书证,如委托书、遗嘱、契约、合同等。报道性书证是指只是报道具有法律意义的事实,所记载的内容不以产生一定法律后果为目的的书证,如日记、信件等。依据该标准进行的划分意义在于,处分性书证能够直接证明案件事实。

（3）以书证制作必须采用特定形式或履行特定手续为标准可以分为普通书证和特定书证。所谓普通书证是指具有一定思想内容，但法律不要求具备特定形式和履行特定手续的书证，如收条、借据等。特定书证是指法律规定必须具备一定形式或必须经过特定程序或履行特定手续否则无效的书证。例如，公证机关公证收养关系成立的文书、涉外公证的认证书等就是特定书证。

（4）按书证的制作方式和来源的不同可将书证分为原本、副本、复印件和节录本。原本（或原件）是指文件制作人最初制作的文件；照原本全文抄录、印刷而具有原本效力的文件，称为副本；复印件是指用复印机复制的材料；节录本是指仅摘抄原本或正本文件部分内容的文件。我国《民事诉讼法》和最高人民法院的《民事证据规定》对于该类书证的提交有不同的规定。民事诉讼法规定：书证应当提交原件，提交原件有困难的，可以提交复制件。而《民事证据规定》第 20 条规定：调查人员调查收集书证，可以是原件，也可以是经核对无误的副本或复制件，是副本或者复制件的，应当在调查笔录中说明来源和取证情况。在实践中，学者对书证是原件还是复印件存在不同观点，如电脑输出的文书是原件还是复印件？照相的原件包括底片与其他任何印制物，如资料系存储的电脑或类似装置，其印出或其他输出物可以视觉阅读，且显示正确反应资料者亦为原件。复制件是指原件的同一版本或从相同的模型所制作，或以照相的方法，包括放大缩小，或以机械或电子重复录制，或以化学再制，或以能精确翻印原件的其他相同技术所制作的相等物。对于存储于电脑等一次印出多件，能够一式多份的视为原件，被称为"复式原件"。如果是翻拍或者扫描后再印出的，则属于复制件。

对书证作上述分类，有助于掌握各种书证的不同特点并认定其法律效力，便于当事人举证，便于人民法院审查核实和判断书证。司法实践中，庭审笔录是否是书证争议很大。我国的庭审笔录作为法院在开庭过程中对庭审程序事实和各种证据所反映的实体事实进行综合记录所形成的书面材料,特别是一审的法庭笔录常作为二审法庭处理的依据,在实践中起到了书证的作用。从各国立法看,大多数国家并没有将庭审笔录单独列为一种证据种类,我国也未列入证据的法定种类。实质上它是固定证据的法定形式。我国对单位证明的证据性质颇有争议。有学者认为,单位证明属于证人证言范围,是书面的证人证言。有学者认为单位证明符合书证的特征,属书证范围。还有学者认为单位证明应根据单位在诉讼中的法律地位确定。单位在诉讼中可分为被告人、受害人,证人所出具的单位证明应分属于这些证据种类。实践中,有的法院将其视为证人证言。由于单位不属于自然人,作为证人证言采用法庭交叉询问方式确定证据能力或证明力存在一定的困难,然而《民事诉讼法》第72条却规定了"凡是知道情况的单位""都有义务出庭作证"。这种出庭主要是对提供资料说明情况,证明其真实性,因此笔者认为在我国可以考虑把单位出具的资料作为书证。

(三) 书证的证据力

书证是记载人的思想的证据方法。法官对其证据力的判断通常要经过两个步骤:其一,法官首先要判断书证所表达的思想是否为某人的思想,即该文书是否为某人亲自制作而非他人伪造,此即对文书的形式证据力的判断。其二,在文书形式上的证据力得到确认的情形下,法官需要进一步判断该文书在何种程度上证明案件的事实,此即对文书内容的证明价值也即文书的实质证据力的判断。须注意的是,形式证据力与实质证据力的区别只存在于书证中。任何一项文书,必须是由文书制作者真实做成,并与待证事实存在某种程度上的关联性,法官才可以认为其具有完整的或完全的证据力。具备形式证据力的文书,只有其内容可以证明待证事实的真实性，才能认为其具有实质证据力。当然，具有形式证据力的文书未必一定具有实质证据力，实质证据力的有无由法官依自由心证予以判断。如双方当事人签订商品房买卖合同，若该合同确系双方当事人亲自订立，其即具备了形式证据力；若其内容能证明买卖关系之存在，即可认为其具备了实质证据力。至于一方当事人有可能于诉讼中对合同的订立无效、可撤销或解除等方面的事实进行主张，则属另一层面的问题，与该合同实质证据力的判断无关。

司法实践中，存在着书证取证困难的问题，尤其是需要单位出具的书证，许多单位以各种理由拒绝提供。根据我国《民事诉讼法》第 65 条"当事人对自己提出的主张，有责任提供需要的证据，人民法院应当调查收集"及第 67 条"人民法院有权向有关单位和个人调查取证，有关单位和个人不得拒绝"的规定可以推认，现行法规定了当事人及第三人的文书提出义务。与域外立法通例不同的是，我国现行法在直接或间接规定当事人或第三人的文书提出义务后，并未规定违反后相应的制裁，从而使得文书提出义务沦为不具约束力的道德性义务。现行法关于文书提出义务的规范也因构造性地缺乏效果规范而徒具训示意义。在现行法中，唯一可被解释成违反证据协力义务应受制裁的规范是《民事诉讼法》第 114 条。依该项规定的文义可知，现行法是将不协助法院调查取证这一文书提出义务违反行为当作妨害民事诉讼行为的一种予以处理，在立法样式上虽与国外立法例不同，但并不能由此否认其具有文书提出义务效果规范的性质。最高人民法院虽然在相关司法解释中（《民事证据规定》第 75 条、《民事审改规定》第 30 条）规定持有证据的当事人无正当理由拒不提供证据将遭受对方当事人关于该证据的主张被推定成立的不利后果，从而在一定程度上弥补了现行法关于当事人文书提出义务的缺失，但由于其在适用范围及适用条件上皆不确定，故尚不足以杜绝立法关于文书提出义务构造性缺失的弊端，所以审判实践中当事人或第三人隐匿、毁损或拒绝提出书证等行为频繁发生。可以预见的是，文书提出义务结构性缺失如果立法上不能得以补正，上述现象难以得到根本性的改观。

三、物证

（一）物证的概念和特征

物证是指以其存在的形状、质量、规格、特征等来证明案件事实的证据。物证是通过其外部特征和自身所体现的属性来证明案件的真实情况，不受人们主观因素的影响和制约，因此物证是民事诉讼中重要的证据之一。民事诉讼中常见的物证有争议的标的物（房屋、物品等）、侵权所损害的物体（加工的物品、衣物等）、遗留的痕迹（印记、指纹）等。物证和其他证据相比具有如下特征：

第一，物证具有较强的客观性、真实性。争议的案件事实都是已经发生了的，是现实的客观存在。如果能够判定物证是真实的，不是虚假的，通过物证与案件事实的联系，就能够用其来证明案件事实，因而物证具有较强的证明力。

第二，物证具有独立的证明性。物证是一种客观实在的，并不反映人的主观意志，不像证人证言和当事人陈述那样容易受主观因素和其他客观因素的影响，比较容易审查核实。在大多数情况下，物证能独立证明案件事实是否存在，而不需要其他证据加以印证即可成为认定事实的依据。例如，在因产品质量而引起的诉讼中，物证就可以直接作为定案的依据。因为该产品作为争议的标的物本身就是物证。也就是说，只要查明该标的物质量是否符合要求，就可以直接认定案件事实，解决当事人之间的纠纷。

从这个意义上讲，物证还具有一定的可靠性，所以有人也称物证是"哑巴证人"。

第三，物证具有不可代替的特定性。物证作为一种客观存在的具体物体和痕迹，具有自己特有的特征，且被特定化于特定的物体之上。因此，它是不能用其他物品或者同类物品来代替的，否则就不能保持原物的特征。我国民事诉讼法明确规定，物证必须提交原物，只有在提交原物确有困难时，才可以提交复制品、照片，且提交的复制品的一切特征必须与原物相同，照片也必须是原物的真实情况的反映。这种复制品和照片，只是固定和保存原物的方法，作为物证的仍是原来的物品和痕迹，而不是复制品和照片。

第四，物证在证明上具有间接性。物证作为证据在证明案件事实时，因无法证明自身与案件事实之间存在联系，一般要与其他证据结合起来，借助于陈词才能发挥证明作用。所以法律一般对收集物证的方法和程序均作了严格规定。物证在证明案件事实时，也经常通过鉴定、勘验起作用，由有专门知识的人借助于仪器设备或其他科学技术手段来使物证发生证明作用。物证的证明作用不仅靠科学技术手段，而且物证的发现和收集同样也要靠科学技术手段。因此在司法实践中对物证的适用不仅要对其特征予以分析，还要对收集它的科学技术手段的科学性进行审查，以免收集的手段不当或方法不科学，使物证受到破坏失去特定性或者出现虚假的"物证"。

在司法实践中，常常存在物证与书证混淆的情况。在外观上书证与物证十分接近，同一文书有时既可以作为书证又可以作为物证。笔者认为，在我国民事诉讼中，书证与物证是两种不同的、相互独立的证据形式，它们存在以下的区别：

首先，证明方法不同。物证以其存在、外形等外部特征和物质属性证明案件真实情况，书证则以文书或物品所记载的内容证明案件事实。作为证据的某一物质实体，如果它所记载或表达的内容与案件事实有着内在的联系，能够起到证明案件事实的作用，而它的特征、属性或存在状况与案件无关，它就是书证；如果它的内容与案件无关，而自身的特征、属性或状况能够证明案件情况，它就是物证；如果这一物质实体的外部特征、内部属性或存在状况能够起到证明作用，而它所记载或表达的内容也同时证明案件情况，那么这一物质实体既是物证也是书证。实践中这样的证据是常见的，而且书证大多伴随着物证发挥证明作用。如一份书面遗嘱，当我们需要判断遗嘱签名的真假而要求鉴定立遗嘱人在该遗嘱上签名的笔迹时，是确定立遗嘱人所留下的痕迹而不是签名内容所表达的意思，该遗嘱则属于物证。当我们需要确定应当怎样按照遗嘱的要求分配遗产时，按照遗嘱确定继承人或者依赖该遗嘱的文字、符号所表达的意思时，该遗嘱本身又成了书证。尽管书证与物证有相同的载体，但它们发挥证明作用的证明方式却有着各自不同的特点。

其次，形式要求不同。法律对物证无特殊的形式上的特定要求，只要能以其存在、外形、特征证明案件事实就可以作为物证；对书证则不同，法律有时规定必须具备特定形式或履行了特定的程序后才具有证据效力。物证是一种客观实在，不反映人的主观意志；而书证是一定主体制作的，反映了人的主观的意志。

再次，书证只要保存完好，在相当长的一段时间内都可以起到证明作用；而物证随着时间的推移、环境的变化，有变质、损毁、灭失的可能。正确地区分物证和书证有利于物证和书证发挥证明案件事实的特殊证明功能，进而从其证明案件事实的特殊性上确定各自的证据规则。

（二）物证的分类

物证可以按照不同的标准进行分类。

（1）按照与争议标的物的关系为标准，物证可分为争议标的物的物证和非争议标的物的物证。所谓争议标的物的物证是指诉讼中的当事人的民事权利义务关系所指向的对象，例如双方当事人争议的不动产（房屋、土地）和动产（珠宝、古董）等。非争议标的物的物证是指不是当事人民事权利义务所指向的对象，而是案件所涉及的作为物证的物品，例如侵权行为所使用的工具等。

（2）按照物证是否便于保存为标准，物证分为易保存的物证和不易保存的物证。易保存的物证是指在常规条件下不易改变其原有特性的物证，例如彩电、冰箱等。不易保存的物证是指在常规条件下容易改变其原有特性的物证，例如药品、水产和食品等。

（3）依物证所起的证明作用不同，物证可以分为实物物证、痕迹物证、微量物证和气味物证。实物物证是指以物体本身起证明作用的物证，例如房屋、汽车等。痕迹物证是物体相互作用遗留的遗迹起证明作用的物证，例如指纹、印记等。微量物证是指以存在少量物质起证明作用的物证，例如灰尘、粉末等。气味物证是指以某种物质散发的气味来起证明作用的物证，如废气等。

（4）依物证的出处为标准，物证可分为原始物证和复制物证。原始物证是指证明内容直接来源于原始的物品，例如劣质产品等。复制物证是指证明的内容来自原始物证的复制品，例如有瑕疵产品的复制件等。

四、视听资料

（一）视听资料的概念和特征

视听资料是指利用录音、录像、计算机储存的资料和数据等来证明案件事实的一种证据。它包括录像带、录音片、传真资料、电影胶卷、微型胶卷、电话录音、雷达扫描资料和电脑贮存数据和资料等。视听资料是通过图像、音响等来再现案件事实的。外国民事诉讼法一般都没有将视听资料作为一种独立的证据类型对待，仅将其归入书证和物证的种类中。我国民事诉讼法鉴于其具有独立的特点，将其归为一类独立的证据加以使用。

视听资料具有生动逼真、便于使用、易于保管等特点：第一，视听资料具有较强的生动性和真实性。由于视听资料是采用现代科学技术手段记录下的有关案件的原始材料，并且通过对该资料的回放能够再现当事人的声音、图像和数据等，它同物证一样不受主观因素的影响，所以能够比较客观地反映案件的事实。第二，视听资料还具有体积小、重量轻等优点，从而易于保管和使用。随着科学技术的发展，在人们的日常生活中，视听资料的来源和应用上都具有了更多的广泛性。作为证据种类不仅在民事诉讼中可以应用，而且在仲裁活动和非讼案件中也得以广泛的应用并越来越受到欢迎。它对人民法院的审判活动以及当事人和其他诉讼参与人的诉讼活动提供了更多的方便。第三，视听资料容易被剪接、篡改。视听资料虽然具有生动逼真、便于使用、易于保管等特点，但也不能由此认为其是绝对可靠的证据，原因在于视听资料是可以通过剪接手段伪造变换的。因此，对视听资料需进行全面审查，具体分析。根据《民事证据规定》第 22 条规定：调查人员调查收集计算机数据或者录音、录像等视听资料的应当要求被调查人提供有关资料的原始载体。提供原始载体确有困难的可以提供复制件。提供复制件的，调查人员应当在调查笔录中说明其来源和制作经过。人民法院在审查视听资料时，应查明该项视听资料的来源，录制的时间、地点，录制的内容、目的，参与录制的人，录制的形象和声音是否真实，以及该项视听资料的保管、储存情况等。凡窃听、偷录、剪接、篡改、内容失真的视听资料，都不能作为诉讼证据。

（二）视听资料的种类

视听资料是我国的诉讼证据上比较新的证据种类，它对于人民法院查明案情，提高审判质量，正确处理民事纠纷有着重要的价值。但一般认为，视听资料应包括录音录像资料、电脑储存的资料和电视监视资料三大类。录音录像资料是指用现代科技的手段将声音、图像如实地加以记录，通过该记录的重放来证明案件事实的一种证据；电脑储存资料是指通过计算机中储存的数据和信息来证明案件事实的证据；电视监视资料是指对特定人或物通过电视监视手段所获得的图像和声音，并用于证明案件事实的一种证据。

在司法实践中，要注意视听资料与书证和物证的区别。视听资料不同于书证：视听资料与书证虽然都是以一定的思想内容来证明案件事实，但视听资料是以音响、图像、数据反映的内容，而不是以文字、符号表达的内容证明案件事实；视听资料可以以动态和静态两种方式证明案件事实，而书证只能以静态方式证明案件事实。视听资料不同于物证：视听资料由于离不开一定的物质载体，因此从外观上，视听资料也表现为一定的物质形式。但与物证不同，视听资料是以其记载的图像、声音、色彩等对案件事实起证明作用的，而物证则是以其外部特征、物理或化学状态对案件起证明作用；视听资料往往可以形成直接证据，直接、单独地证明案件事实，而物证一般属于间接证据。

五、电子数据

（一）电子数据的概念和特点

电子数据也称计算机数据，或者又称电子证据，是指基于计算机应用、通信和现代网络技术等电子化技术手段形成的，以电子形式存在于电脑硬盘、光盘等载体的客观资料。电子数据与计算机的产生、应用、发展密不可分，因此联合国《电子商务示范法》第二条规定：电子数据是指由电子手段、光学手段或类似手段生成传送、接收或储存的信息。不管电子数据的定义如何，电子数据概念里面应该包括计算机程序及程序所处理的信息。前者如各种系统软件和应用软件，后者如图形等是电子数据的一部分。电子数据与传统意义上的数据相比，主要是记载方式的不同。它通常以磁盘、光盘、ROM 等磁性材料、光学材料、半导体材料为载体，而传统数据多以纸张为载体。

电子数据有以下特点：第一，就本质而言，所有的电子数据，包括声音、图像、符号等，都以"0"和"1"两个数字组成的一系列二进制代码储存在各种介质上，这些"0"和"1"数字在其存在的介质上表现为光学材料中光信号的变化或磁性材料中磁向的变化等。而这些光信号或磁向的变化很容易改变。就具体操作而言，一个简短的指令就可在极短的时间内对电子数据进行修改、删除、转移。供电系统或网络通信的故障、强磁、高温、高湿度等外部环境的影响，都可导致电子数据的改变，所以电子数据这种证据具有易变的特点。第二，电子数据某种意义上是虚拟的。由于它是以磁向或光信号的形式存在的，因而复制前后的电子数据没有任何区别。对其删除、修改后，它既不可逆转，也很难留下痕迹，除非有些特殊设计的软件对改变前的电子数据自动备份，以便在紧急情况下恢复。所以电子数据这种证据具有无痕的特点。而对书面材料等物体的修改，其留下来的痕迹更容易鉴别。第三，对案件起到证明作用的电子数据绝大部分来自互联网、各种局域网等网络。对于网络中的电子数据而言，由于网络中的各种资源都是开放的，它对访问的主体开放，只要掌握一定计算机知识的人，不管年龄、性别，都可"访问"网上电子数据。访问的空间开放，基本上没有空间、地域的限制。如身处中国的用户可以访问美国某用户的电子数据。访问的客体开放，只要有足够的计算机技术，即使设置了种种安全措施的电子数据，也可以"访问"。如1993年，英国少年布里顿非法闯入美国国防部的计算机系统，接触了包括弹道武器在内的各种绝密资料，并把这些资料散布到互联网上。所以电子数据这种证据具有开放性的特点。

（二）电子数据的证据力

证据力又称证据能力，是指在法庭审理中为证明案件事实而得以作为证据使用的资格。在英美法系证据理论中，由于只有具备证据资格的材料才会被法庭采纳，故证据资格又称为证据的可采性和适格性。由于电子数据有易变性、无痕性、开放性三个特点，使得电子数据的证据能力很难被法律认可。易变性使其为某种目的迅速改变电子数据成为可能，无痕性使辨认电子数据是否为原件或原物极为困难，开放性使电子数据被他人非法获取、篡改的可能性大大增加，这一切都使人们有足够的理由怀疑电子数据的证据能力。然而，电子数据是否具有证据能力，还须结合法律、法律背景及司法实践进行仔细分析。

电子数据能否作为证据被一国法律接受，与该国的证据制度、诉讼模式密不可分。证据的可采性主要通过两种方法取得：一是法定的方式，即立法上加以明确规定；二是法官自由裁量的方式。在大陆法系国家，为充分发扬职权主义精神，发挥法官认定事实和适用法律的积极性、主动性，立法上对证据的可采性一般不作严格限制，法官享有较大的自由裁量权，允许采纳某些法律未规定的证据。如意大利《刑事诉讼法典》第 189 条规定：如果需要获取法律未规定的证据，当该证据有助于确保对事实的核查并且不影响关系人的精神自由时，法官可以调取该证据。法官在就调取证据的方式问题上听取当事人意见后，决定采纳该证据。而实行陪审团制的国家，由于陪审团成员多是缺乏法律知识和诉讼经验的非专业人士，为防止他们持有偏见或受误导，因而对证据的可采性作了严格限制。同时，英美法系的诉讼程序是由当事人推动的，法官处于消极地位，为了明确争点，防止当事人在无关紧要的证据上纠缠不休，也有必要规定证据的可采性。

　　经济全球化的环境下，任何一个国家的法律制度都不可能是一个封闭的体系，我国的证据制度领域也是如此。当今很多国家为适应和推动社会的信息化，已经承认电子数据的证据能力。1985 年联合国国际贸易法律委员会发表一份名为《计算机记录的法律价值》的报告中指出：司法程序中使用计算机记录，在普通法国家已从理论上被普遍承认可行，在其他法律制度下也正推广着。1984 年英国的《警察与刑事证据法》第 19 条第 4 款规定：警察可以把存贮在计算机中的信息作为证据。香港《诉讼证据条例》规定：由电脑储存所编制的文件，如果为合格人士编制，未受干扰，电脑操作正常，其记录为业务内所用，并由职员宣誓作证的文件，即接纳为证据。美国通过扩大对"原件"的解释和放宽对"原件"的限制，而使最佳证据规则、传闻证据规则承认电子证据的可采性，如美国联邦证据规则 1001.（3）规定：如果数据被储存在计算机或类似装置里面，则任何可用肉眼阅读、表明其能准确反映数据的打印物或其他输出物，均为"原件"。规则 1004 规定：如果原件无法获得，则不是原件的证据也具有可采性。在这么多的国家、地区承认电子证据的可采性时，我们也结合国际普遍适用的证据规则承认了它的可采性。2012年《民事诉讼法》对电子数据作为独立证据形式予以肯定，最高院《民诉法解释》再次明确了电子数据可以作为案件证据，并对电子数据的种类进行了列举。

（三）电子证据的审查判断

对证据的审查，无非是指审查它的客观性、合法性、关联性。审查电子数据证据的关联性、合法性的方法与审查其他形式的证据的方法差异不大，在此不加详述。这里主要分析一下如何审查、判断电子数据证据的客观性。证据的客观性主要表现在形式和内容两个方面。就形式来说，电子数据证据以光学、电磁等形式储存在各种存储器中，虽然不能直接为人所感知，但可借助一定的设备使它为人所认识，因而电子数据证据的存在形式无疑是客观的。对内容的审查，我们可借鉴联合国贸法委制定的《电子商务示范法》第9条的规定：……对于以数据电讯为形式的信息，给予应有的证据力，在评估一项数据电讯时，应考虑到生成、储存或传递该数据电讯的可靠性，保护信息完整性的办法的可靠性，用以鉴别发端人的办法，以及任何其他相关因素。因此，我们对电子数据证据的审查，可以从生成、储存、传递、保护几个途径进行。具体而言，可从以下几个方面审查：

1. 审查提供电子数据证据的主体

提供电子证据的主体一般有四种：一是依职权进行调查活动的司法人员。司法人员一般受过专门训练，且司法权运作有各种制约因素，一般比较公正、权威，因而司法人员依职权调查、收集的电子证据真实性较大。二是无意中收集到电子证据的其他公民。由于这样的公民收集的技术、时间、地点、范围有限，故对这样的电子证据应主要审查它是否客观、全面：该公民与案件有无利害关系，是不是保持中立和独立，他提供电子数据这种证据的动机、目的等。三是为维护自己利益的当事人。当事人为维护自己利益，可能会故意制造"正常情况"下产生的电子证据。因此要审查该电子证据是否由正常主体在正常期间正常行为中产生的。那些为诉讼目的而故意制造出来的电子证据是不能反映客观事实的，应当予以排除。四是根据法律规定或当事人约定保存电子证据的第三人，如保存电子邮件、电子合同的网络服务中心。对这样的人，除了审查他是否独立、中立外，还要审查他是否确有法律或当事人的授权。电子邮件、电子合同之类的电子证据常常会涉及个人隐私、商业秘密等，因而从法理上讲，没有双方约定或法律规定而由第三人存贮的电子证据是不能作为证据的。在我国，这方面的立法似乎只有广东省制定了《对外贸易实施电子数据交换暂行规定》，规定记录发生争议时以该中心提供的信息为准。

2. 审查电子证据的来源

（1）审查产生电子证据的软件或系统是否可靠。比如1999年东芝笔记本电脑事件就是因为该电脑的软件编得有缺陷，导致存在硬盘上的数据莫名其妙地丢失，从这样的电脑上收集到的证据的真实性显然是值得怀疑的。

（2）审查电子证据是来自单机还是网络。如果来自单机，只要审查有无未授权的接触即可。如果来自网络，由于网络中的电子数据有开放性，故对网络中的电子证据要审查其有无非法截获、修改。

（3）审查存贮介质、环境是否安全、可靠。存贮介质质量差，强磁、高湿度等恶劣环境或不经意的划伤，都可能损坏电子证据而影响它的真实性。

3. 审查收集电子证据的技术、方法、设备审查收集的技术是否达到一定水平，操作是否恰当

由于电子数据的易变性，任何一个不恰当的操作，都会导致电子数据的丢失、改变或不可恢复的删除。有的电子数据浩如烟海，对其排列、组合、抽样时，要审查其方法是否客观、科学，因为不同的排列组合得出的结果可能完全不同。此外还要审查收集的设备是否符合要求。用低性能的计算机处理高性能的计算机才能处理的数据很有可能出现误差甚至错误。

六、证人证言

（一）证人证言的概念和特点

证人是指知晓案件事实并应当事人的要求和法院的传唤到法庭作证的人。证人就案件事实向法院所作的陈述称为证人证言。

证人证言具有如下特征：第一，证人证言是了解案件事实的人提供的证明。也就是说，证人必须是知道案件情况的，只有知道案情的人才能作证。知道案件情况的人并不一定都是亲眼所见，如盲人可以就其听到的事实进行作证。作证的人也并非一定要用言词形式作证才有效力，如聋哑人可以就自己亲眼所见，用哑语表达加以作证。第二，证人证言是客观陈述而非分析性意见。证人证言是证人对自己感官直接感知或者体验的与案件情况有关事实所作的陈述。这种陈述应当是证人对案件事实的直接体验，不能是其对案件情况的看法、推测或者分析性意见。出庭作证的证人应当客观陈述其亲身感知的事实，不得使用猜测、推断或者评论性的语言。在实践中，证人的意见与证人感知体验的事实之间并不存在非此即彼的切割线，其间的差别有些仅属于程度上的不同。在一定意义上证人有关案件情况的陈述也是经过一定

思维而形成的，有些证人的意见与其体验不可分离也不能截然分开。一般来说，证人有关体验性事实的陈述可以作为证人证言的一部分。第三，证人证言只包括能够正确表达意志的人就案件事实所作的陈述。例如精神病人或年幼不能辨别是非，不能正确表达意志的人所作的证人证言是无效的。第四，证人证言具有较强的主观性。证人证言是证人的陈述，其陈述的内容一般是过去的事实并在案件发生后提供的，经过了证人观察、辨认、理解、记忆和表达等一系列思维过程，这一过程中的任何一个环节都存在外在和内在因素影响其真实的可能性。况且证人的年龄、心理、文化、生理、职业、好恶等因素与作证能力环境也存在一定的关系。在实践中证人作证所表达的内容往往与案件发生时的实际情况存在一定差距。即使证人感知、辨认和表达能力都是正确的，其记忆能力也会受到时间长短或者印象强弱的影响，致使证人对案情的陈述会出现与案情的实际情况不完全吻合的情况。另外证人作为普通人不仅具有人的弱点而且还处在特定的社会关系之中；作为社会人还会考虑一些社会性的因素，如担心受到打击报复或受当事人的威胁、指使、贿买、利诱等。其陈述存在故意歪曲表达案件事实的可能或者倾向。可以说证人证言是在众多因素作用下经过证人自己的意志加工后形成的，与物证、书证等实物证据相比，其主观性更为明显。正因为如此，审判人员应尽可能结合其他证据对其进行印证，印证后无误的，才可以作为认定案件事实的根据。

（二）证人的资格

证人的资格也称证人的适格性，指由法律规定的证人作证应当具备的条件。一般而言，证人必须具备以下两个条件才能作证：一是对案件事实有所感知，二是必须能够正确表达自己的意志。我国《民事诉讼法》第 72 条第 2 款规定：不能正确表达意思的人，不能作证。因此我们考量证人资格是以是否正确表达意思为条件。生理上、精神上有缺陷或者年幼，只要其能够辨别是非、能够正确表达都可以作为证人。相反，不能辨别是非就不能作为证人，能够辨别是非但不能正确表达的也不能作为证人。如处于醉酒、麻醉品中毒或者精神药物麻醉状态，以致不能正确表达的人不能作为证人。对于儿童作证我国没有年龄上的限制。对于儿童作证，一般应由法院审查儿童的资格，并决定其是否有足够的智力对于事实进行观察、回忆、叙述以及其是否具有真实陈述的意识，如具备应许儿童作证。案件事实与其年龄、智力状况或者精神健康状况相适应的无民事行为人和限制民事行为能力人可以作为证人。我们应当注意，证人作证应当具有感知能力、辨别能力和表达能力。辨别是非不要求具有辨别案件情况的真理性认识的能力，只要能够客观正确地陈述耳闻目睹案件情况，则应当视为能够辨别是非。

下列人员不能作为证人：第一，不能正确表达意志的人。是否具有完全的民事行为能力并不是判断证人作证能力的标准。第二，诉讼代理人。由于身份的特殊性，当事人的法定代理人不能作为证人出现在诉讼中。当事人的法定代理人与当事人一样无证人能力，但法官若误将法定代理人作为证人进行询问的，其所陈述的内容也不构成违法的证人陈述。第三，办理本案的法官、书记员、鉴定人、翻译人员、勘验人员。凡是知道案件情况而又与裁判结果没有直接利害关系的人，应优先以证人的身份出庭作证，而不能以审判人员、书记员、鉴定人及其他诉讼参与人的身份参加诉讼，也即证人的身份具有优先性，这是由证人的不可替代性所决定的。其理由是：其一，证人的身份是基于其对案件情况的知悉而形成的，是由其客观上与案件事实所形成的特定关系决定的，非他人所能替代。而审判人员、书记员、鉴定人及其他诉讼参与人的身份则是不特定、可选择的，并且其之更替对诉讼的展开没有实质影响。其二，证人作为在案件发生当时就已经感知案件事实的人，若让其以审判人员、书记员、鉴定人及其他诉讼参与人的身份参与诉讼，其对案件事实的判断易先入为主，从而不利于对案件事实作出正确判断。要注意的是，在共同诉讼人中，对于有利于己的共同事实，共同诉讼人相互之间不得为彼此的证人，但对于与自己无关的或于己不利的事实，共同诉讼人相互之间则可以为彼此的证人。

对于单位能否作为证人问题，法学界历来有不同的观点。一种观点认为：证人必须是自然人，单位不能作为证人。只有自然人才有凭借感官感知案件事实的能力。法人或其他组织是以某种形式由一定数量的自然人群体组合而成的法律上的拟制体，其所为的一切行为都离不开特定的自然人，它对案件事实的感知亦必须借助特定自然人的生理机能，故作为非自然人的单位或法人是不具有证人能力的。此外，证人作证应当履行法律所赋予的义务，故意提供虚假证言须承担法律责任，构成犯罪的，要受到刑事处罚，而法人或其他组织并不具备伪证罪的刑事责任能力。虽然《刑法》规定了单位犯罪，单位具备刑事诉讼活动中的完全意义上的当事人的主体资格，但是因其不符合证人的自然特性，故不能作为证人出庭作证，就此而言，证人亦不具有证人能力。司法实践中经常会有一些单位应当事人或法院的申请或要求而出具有关证明，如工商机关出具的某公司成立、变更、歇业或撤销的证明，金融监管部门提供的有关金融政策变动的证明，银行等金融机构提供的特定主体款项变动情况的证明，单位提供的本单位职工基本情况的证明及学校提供的在校学生基本情况的证明等。对这些书面证言的属性应有正确的定位。这些单位之所以能出具相关证明，是因为它们承担相关法定的管理职责之故，只需按审判机关的要求和本机关的规章制度及工作范围如实提供他们所掌握的情况即可，证明材料所涉事实并非必须如证人般亲自感知。

故这种单位出具的、加盖公章并有法定代表人签名的证明材料从性质上看应该属于书证。当然，实践中也有相关人员代表单位出庭作证，但其往往是法定代表人或单位授权并接近案情的人。故此时仍然应将其理解为向法院陈述所亲身感知的案件事实的人，即其本人是证人而不是作为法人的代表出庭作证。笔者认为：从目前我国民事诉讼法的规定看，单位是可以作为证人的。我国《民事诉讼法》第 72 条规定：凡是知道案件情况的单位和个人，都有义务出庭作证。从该条文中可以看出，在我国民事诉讼中，除自然人外，作为非自然人的法人或其他组织亦可作为证人，这在各国立法例中可能是独一无二的。

（三）证人的权利

根据民事诉讼法规定，证人具有如下权利：使用本民族的语言文字提供证言的权利，补充、更正笔录权，受到保护权，获得补偿权，证言豁免权等。笔者着重探讨证言豁免权和证人获得补偿权。

1. 证言豁免权

证言豁免权是指证人若为证言将可能使证人及其一定范围内亲属遭受刑事追究或蒙受耻辱，或将违反守秘义务，或将泄露职业及技术秘密时，证人享有证言特免权或证言拒绝权。证人义务作为一般性的公法义务，尽管为诉讼制度上的正当性维持所不可或缺，但在立法政策上基于人伦价值、职务上的守秘义务、技术或职业上的秘密等利益保护的必要性，各国证据立法均规定。可以说证言拒绝权是证人以证人义务的存在为前提而享有的公法上的抗辩权。

证言豁免权主要适用于以下几种场合：①维护特定的亲属关系。特定亲属之间免于相互作证，这是证言豁免权最基本的作用领域。所谓"爱亲之谓仁"，亲属的爱乃一切爱的起点，是人类感情联系的基础，在亲属之爱与其他利益相冲突时，法律决不能苛求有情感的人为求裁判的真实置亲情于不顾。其具体包括：其一，基于婚姻关系而确立的证言豁免权。婚姻关系的任何一方均享有拒绝作证权，而另一方也有权要求对方拒绝作证。其二，基于其他亲属关系而确立的证言豁免权。②为巩固特定的职业身份而享有证言豁免权。此类证言豁免权是指为了保护特定职业群体的共同体利益和有关的个人利益及社会公共利益，从事特定职业的人对在从事该职业活动中得知的情况可以依法拒绝作证。③为保护特定的国家利益而享有证言豁免权。为了协调发现案件真相与维护安全和秩序等不同国家利益之间的冲突，对经依法确认为属于国家秘密的事项，知晓人有权拒绝作证。当然，与前两种证言豁免权不同的是，此类证言豁免权从某种意义讲并非证人所特有的一项权利，其仅是强调证人于作证前应得到主管机关或部门的许可。不过除非证人作证有损于公共利益或者明显地有碍于公务之履行，否则主管机关或部门不得拒绝许可证人作证。

证言豁免权的源头可以追溯到古代历史上亲属相"容隐"的传统。在儒家思想的影响下，我国古代法上同样有"亲亲相容隐"的规定，禁止亲属之间互相告诉或者作证，以保护传统的伦理秩序，而且从汉朝到清朝，容隐制的范围呈不断扩大的趋势，乃至民国时期的法律中仍有这种规定。这种制度在一定程度上被认为是封建宗法制度的产物，所以在1949年以后即被废除。在西方，古希腊的宗教和伦理就反对子告父罪，而古罗马法中关于亲属相容隐的规定则更多，甚至亲属之间相互告发都要丧失继承权。严格来说，这种规定还不能认为是确立了证言拒绝权，因为法律并非赋予了特定人拒绝作证的特权，而是设定了其不能作证或告发的义务。直至近代，西方证据法上才确立了亲属或同居人之间享有拒绝作证的特权，并且随着司法实践的发展逐渐扩大其适用范围，从而与证人的作证义务相携而行。

目前我国没有建立特殊证人的免证特权制度，也不存在证人的豁免制度。在司法实践中仅存在不强制被告人的配偶、父母、子女到庭作证的规定，其仍负有不出庭作证的义务，对于自愿出庭作证也没有限制。笔者建议我国民事诉讼法将证人证言豁免权以立法的形式进行认可。因为从人的生存发展角度出发，任何人都不能公然挑战其赖以生存的人情环境和基本社会关系；从伦理道德角度出发，任何人也不可能义无反顾地抛弃包括亲情在内的一切关系，否则可能会付出惨重的名誉代价。这种冲突构成了社会基础关系的矛盾状态，以家庭为核心的社会正是在这种张力中得以维持其总体的稳定。法律虽然可以介入这种关系，但不能无限地扩展其界域，一旦其违背了人类最基本的感情利益或社区价值观念，则必会受到抵制和规避，从而导致所作之规定徒有其文。因此，法律不能忽视社会的人情基础，不能剥夺任一有情感的证人的证言拒绝权。可以说证人在一定条件下的拒绝作证的权利正是表明了法律在必要的时候应该向社会基本人情作出让步这一意旨，拒绝作证只是法律对情理的有限妥协，并不能武断地认为与诉讼公平、正义等基本精神不符。所以，证言拒绝权不应为我国证据制度所排斥。

2. 证人获得补偿权

证人获得补偿权是指证人因出庭作证而支出的合理费用（包括支出的交通、住宿、就餐等必要费用及误工损失），由败诉方当事人负担。当事人申请证人作证的，由该当事人先行垫付；当事人没有申请的，人民法院通知证人作证的，由人民法院先行垫付。在民事诉讼中，除众所周知的事实，法院职务上应当知晓的事实以及当事人自认的事实外，法院作出裁判皆须以证据所认定的事实为基础。证人证言作为证据资料的一种对于法院作出正确裁判具有重要意义。但是证人出庭作证不仅会耽误时间、影响精力，更须耗费一定的资财。毫不夸张地说，证人履行作证义务的过程即为其各项费用支出的过程。这些费用若全由证人承担，不仅于事理不平，且会严重挫伤证人出庭作证的积极性，不利于法院作出正确裁判。故证人理应享有就其所支出的各项合理费用请求予以补偿的权利。而且证人属于人的证据方法，证人之所以介入诉讼是基于其对发生在过去的案件事实了解且能将之向法院进行陈述这一客观原因。在我国民事诉讼中，对证人进行询问皆是由法院为之，双方当事人虽可经法院许可向证人进行发问，但当事人对证人的发问在性质上仍属于法院对证人进行证据调查的一部分，其本身并不具有独立诉讼行为的意义。因而，在我国的民事诉讼中，证人是法院的证人，而不是当事人任何一方的证人。也就是说，证人作证是公民对代表国家行使审判权的法院所尽的义务，所以《民事证据规定》第 54 条第 3 款规定：当事人向法院申请证人出庭作证，如果为法院所许可，法院即应在指定期限命令该当事人向法院预交证人因出庭作证而产生的误工补贴、交通费、住宿费等费用。当事人无正当理由不向法院交纳且不符合诉讼费用缓、减、免之情形的，法院即可认为其申请证人出庭不合法而不予传唤证人出庭。

证人作证合理费用的范围：证人因出庭作证可以请求的费用应仅限于直接费用，即证人因出庭所支出的费用以及因误工等所造成的直接经济损失，而不包括其若不出庭则可能取得的预期间接利益。证人更不享有向法院请求支付报酬的权利。由于证人出庭作证行为是法院进行证据调查的一环，而不具有独立诉讼行为意义，更由于证人出庭作证是其对代表国家的法院应尽公法上的义务，故证人不享有向法院请求支付报酬的权利。对证人作证费用的给付是针对主动出庭作证的证人而言的，因法院采取公法上的强制措施而被迫出庭作证的证人并不享有向法院请求支付作证费用的权利。证人到庭作证之前无法肯定他能否主动履行作证义务，费用补偿无从谈起。而且证人到法院提供证言前，其所需具体费用的数额不易确定，事前支付存在一定困难，易产生支付与实际花费相脱节的情形。同时，为方便法院计算诉讼费用及避免因证据湮灭而发生计算上困难，证人提出该项请求应限于法官询问完毕后一定时间内进行。我国民事诉讼法是把证人作证合理费用的补偿作为诉讼费用对待的，因此证人作证合理费用的交付时间是：当事人申请证人作证的，由该当事人先行垫付；当事人没有申请的，人民法院通知证人作证的，由人民法院先行垫付。在费用承担上，证人因出庭作证而支出的合理费用既然属于诉讼费用的一部分，当然应按诉讼费用的承担规则进行分配，而不能规定一律"由败诉一方当事人承担"。在民事审判实践的操作中，法院可根据证人证言被采信的情况决定由诉讼的哪一方当事人负担。具体来讲，如果证人证言未被法院认定采信，则证人出庭作证费用应由申请证人出庭作证的当事人负担；如果证人证言被法院认定采信，则证人出庭作证费用应由申请证人出庭作证的当事人负担；如证人证言被法院部分采信、部分未采信，则证人出庭作证费用应由各方当事人分别承担相应的部分。

（四）证人的义务

证人的义务主要有按时出庭作证的义务、如实陈述的义务、宣誓或具结义务等。

1. 按时出庭作证的义务

《民事诉讼法》第72条第1款规定，凡是知道案件情况的单位和个人，都有义务出庭作证。证人确有困难不能出庭的，经人民法院许可，可以提交书面证言。在我国证据法理论和实践中，证人证言有口头证言和书面证言两种形式。前者是指证人就所了解的案件事实以口头方式向法院进行陈述，后者是指证人以文字形式向法院陈述已知的案件事实。证人以口头陈述证言为原则，书面陈述证言原则为例外。不过从严格意义上讲，书面证言并不符合证人证言的应有属性。因为从证言内容对案件事实之证明作用观察，证人口头陈述证言时，法官可以通过观察证人的神情和语言的连贯性、条理性等来判断证言的证据力，双方当事人及其诉讼代理人也可以通过向证人发问帮助法官判断证人证言的真伪从而有利于事实的正确认定。而书面证言则不具备此项功能。从程序保障角度予以考察，证言以书面方式向法院提供时，双方当事人即无机会对证人进行发问从而剥夺了当事人于证据调查程序中的参与权；同时，书面证言作为第二手的材料，若其能替代证人亲自的口头陈述，实际上也限制了法官接触第一手证据的机会，使审判活动失去了亲历性，从而将公开审判退化为一种间接审和书面审。从世界各国的立法例来看，其均强调证人的证言必须在庭上提供。不同处仅在于，英美法系证据法要求证人必须在法官面前由当事人进行询问而为陈述，而大陆法系民诉立法则规定证人必须于当事人在场时由法官进行询问而为陈述。我国《民事证据规定》第56条规定了证人不出庭作证的法定理由：①因健康原因不能出庭的；②因路途遥远，交通不便不能出庭的；③因自然灾害等不可抗力不能出庭的；④其他有正当理由不能出庭的。证人确有困难不能出庭的，经法院许可，可以通过书面证言、视听传输技术或者视听资料等方式作证。

2. 宣誓或具结义务

宣誓或具结是指证人于作证陈述证言前向法院声明如实提供证词的表示，其目的在于强化证人作证的责任感和法律制裁的警戒性以担保所陈述证言的真实性。我国现行民诉法并无证人于陈述证言前应宣誓或具结的规定。实践中，证人作证前法官也会要求其作出据实陈述的保证，甚至在如实作证的保证书上签名，但其对证人并无任何实质性的约束力。为保证证言之真实性，将来民诉立法修改时实宜考虑设证人宣誓或具结制度。

3. 如实陈述义务

证人如实陈述义务是指证人所负的必须向法官真实陈述其亲自感知的案件事实的义务。因为种种原因，证人可能作出与案件实情不一致的陈述，因而有确定此项义务的必要。当然证人在法庭上沉默不答或拒绝作答亦属违反陈述义务的行为。《民事证据规定》第 58 条规定：审判人员和当事人可以对证人进行询问。证人不得旁听法庭审理；询问证人时，其他证人不得在场。人民法院认为有必要的，可以让证人进行对质。第 60 条进一步规定：经法庭许可，当事人可以向证人发问。询问证人不得使用威胁、侮辱及不适当引导证人的言语和方式。

证人义务既然是证人对法院所负的公法上的义务，则其无正当理由不履行该义务时自应受到公法上的制裁。我国现行法仅对证人义务作了原则性的规定，对证人无正当理由不出庭作证的行为如何处置却没有明文规定。《刑法》第 305 条"证人对与案件有重要关系的情节，故意作虚假证明、鉴定、记录、翻译，意图陷害他人或者隐匿罪证的，处 3 年以下有期徒刑或者拘役；情节严重的，处 3 年以上 7 年以下有期徒刑"的规定虽然确立了证人为虚假陈述可以成立伪证罪，但从该条文的内容看，在我国，伪证罪仅适用于刑事诉讼领域证人作伪证之情形，对于民事诉讼中证人作伪证却不适用。因此不难看出，在民事诉讼中，证人违反作证义务并不会遭受任何公法上的制裁。

七、鉴定意见

(一) 鉴定意见的概念和特征

鉴定意见是指法院依据其职权或者依据当事人的申请，委托或者聘请具有鉴定资格的鉴定机构，由该机构的鉴定人对与案件的待证事实有关的专门性问题进行分析、鉴别和判断后所作出的结论性意见。它是鉴定人根据案件的事实材料，按科学技术标准，以自己的专门知识，独立地对鉴定对象分析、研究、推论做出的判断，因此具有独立性。其他证据仅就某一个方面或某几个方面作证，通常不可能有结论性意见。鉴定意见则不然，它不仅要求鉴定人叙述根据案件材料所观察到的事实，而且更重要的是必须对这些事实做出结论性的鉴别和判断，因此具有结论性。对这种专门性问题所做出的鉴别和判断，只限于应查明的案件事实本身，而不直接涉及对案件的有关法律问题做出评价。对法律问题的评价，应由审判人员去解决，而不应属于鉴定意见的范围。鉴定意见是以确定性的书面形式表达出来的。鉴定意见作为证据种类之一，其表现形式主要为鉴定意见书。鉴定人鉴定结束以后应当制作书面的鉴定意见书。鉴定意见书是鉴定人对委托人提供的鉴定材料进行检验、鉴别后出具的记录鉴定人专业判断意见的文书，一般包括以下内容：①标题：写明司法鉴定机构的名称和委托鉴定事项。②编号：写明司法鉴定机构缩略名、年份、专业缩略语、文书性质缩略语及序号。③基本情况：写明委托人、委托鉴定事项、受理日期、鉴定材料、鉴定日期、鉴定地点、在场人员、被鉴定人等内容。鉴定材料应当客观写明委托人提供的与委托鉴定事项有关的检材和鉴定资料的简要情况，并注明鉴定材料的出处。④检案摘要：写明委托鉴定事项涉及案件的简要情况。⑤检验过程：写明鉴定的实施过程和科学依据，包括检材处理、鉴定程序、所用技术方法、技术标准和技术规范等内容。⑥检验结果：写明对委托人提供的鉴定材料进行检验后得出的客观结果。⑦分析说明：分析说明是司法鉴定文书的关键部分，也是检验司法鉴定文书质量好坏的标志之一。⑧鉴定意见：应当明确、具体、规范、具有针对性和可适用性。⑨落款：由司法鉴定人签名或者盖章，并写明司法鉴定人的执业证号，同时加盖司法鉴定机构的司法鉴定专用章，并注明文书制作日期等。⑩附注：对司法鉴定文书中需要解释的内容可以在附注中作出说明。鉴定文书正文可以根据不同鉴定类别和专业特点作相应调整。鉴定意见书中的结论应当是确定的，明确其与案件事实的关系、事实的真伪以及确定事实有无、程度以及事实之间的因果关系。鉴定意见应当是确定性判断。这种判断性意见包括肯定性判断和否定性判断，一般不得作出倾向性意见，更不能作出一些模棱两可的意见。在实践中，多数的鉴定意见书是对专门性问题作出的肯定性意见，但有时因为材料不充分或鉴定条件不能被满足等原因，鉴定人往往提出倾向性意见而不能作出肯定性意见。这种倾向性意见不是证据意义上的鉴定意见，不能作为定案的根据，但可以作为质疑其他证据的理由。

鉴定意见不同于司法实践中的测谎结果。测谎技术源于美国，其全称为"多参量心理测试技术"。其基本原理为人在说谎时的生理活动或者人记忆中的一些事件再现时所产生的心理活动必然引起一系列生理（如血压、呼吸、脑电波、声音、瞳孔、皮肤电等）的变化。它们一般只受自主神经系统的制约，而不受大脑意识的控制。通过仪器测试人的这些生理参量的变化，可以分析其心理变化，判断测试人对问题知情的程度，从而判断陈述的真假。这种活动测的是人的生理参量，而不是言语本身。测谎仪综合心理学、生理学和现代电子学及其他应用科学技术设计而成，并伴随科技的进步而不断发展和更新。除了多道生理参数测试，还发展了瞳孔、声音分析、电脑波测谎技术。测量的软件系统也在发展，出现了多种不同模式的测量方法和计算机识别系统。我国学术界对测谎的结果能否作为证据存在不同观点，但是立法上测谎仪的测试结果不是独立的证据。因为证据都是对案件事实的反映，案件事实具有客观性、关联性。而测谎是对涉案人身体各种生理参量的测试，不是对专门性问题本身的鉴定。测谎结果与鉴定意见不同：首先，鉴定所指向的对象是事实本身，如伤情鉴定、血型鉴定、精神病鉴定等，这些都是客观存在的事实，需要鉴定人作出明确的判断得出结论。测谎的对象是涉案人，是对涉案人生理参量的测试。尽管生理参量与人是否说谎有一定的联系，但涉案人不是事实本身。其次，鉴定是鉴定人运用专门技术知识如痕迹检验学、法医学等对事实作出检验而得出结论，测谎则是运用纯机械的手段获取测试结果。前者是专门知识对事实的认识，后者是机械手段对涉案人心态的测试。再次，鉴定意见是独立的证据类型，可以在诉讼中使用；而测谎结果尚不能在诉讼中作为证据使用。测谎结果不能作为证据，也不是鉴定意见。这并非测流技术本身不具有科学性，而是测谎技术还存在一些难以解释的问题：一是在说谎与清晰的情绪反应之间是否存在直接的、牢固的联系还未得到科学证实；二是情绪反应与生理反应之间是否存在稳定的关联未得到确切证实；三是生理反应无法排除其他因素干扰的可能而与获得的结果不具有完全的对应性。由于测谎技术在心理学和生理学还未能达到普遍认同，测谎结果还不足以作为鉴定意见，这也是我国法律对其证据性质进行否定的原因之所在。

鉴定意见与其他证据种类比较具有以下的特征：

（1）鉴定意见是办案机关或当事人指派或聘请的鉴定人所作的意见。鉴定人一般具有中立性，具有诉讼参与人的法律地位，其实施鉴定业务必须成为一个鉴定机构的成员。鉴定人从事鉴定业务由所在的鉴定机构统一接受委托。鉴定人所在的鉴定机构只有在接受办案机关或当事人的指派或聘请后，才能实施鉴定活动。鉴定人一经被指派或聘请成为鉴定人也就成为诉讼法律关系的主体，享有一定的诉讼权利和承担一定的诉讼义务。鉴定人享有参与诉讼、了解案情、查阅与鉴定有关案卷资料的权利；在鉴定过程中享有参与案件有关的现场勘验权利，享有要求补充鉴定资料的权利以及独立进行鉴定的权利；同时要承担依法回避、履行出庭作证的法定义务。鉴定人从事鉴定业务不受地域的限制，可以依法接受位于我国境内任何地方的办案机关以及特定情况的当事人、辩护人、诉讼代理人的委托从事鉴定业务。只有依法接受指派或者聘请的鉴定人所提供的鉴定意见，才具有证据能力。鉴定机构统一接受委托，这不代表鉴定机构就是鉴定人。我国《民事诉讼法》第76条规定：当事人可以就查明事实的专门性问题向人民法院申请鉴定。当事人申请鉴定的，由双方当事人协商确定具备资格的鉴定人；协商不成的，由人民法院指定。医生作为医学专家所作的诊断证明书，是医生日常工作的产物，其本身不是鉴定意见，而属于书证。当医疗单位或者医生受到办案机关或者当事人指派或者聘请，履行了相应的法律手续后对案件中的专门性问题作出事实判断时，则为鉴定意见。同时一些检测机构出具的检测报告也不同于鉴定意见。

（2）鉴定意见是鉴定人实施鉴定活动后的判断性意见。鉴定人进行鉴定应当依法亲自实施，按照鉴定程序规范的要求进行鉴定。在鉴定过程中要遵守法律、法规、规章，遵守职业道德和职业纪律，尊重科学，遵守技术操作规范，独立、客观、公正地进行鉴定，并对自己作出的鉴定意见负责。鉴定意见与实物证据不同，它不是案件事实本身；鉴定意见与其他言词证据也有差异，它是对专门性问题的认识和判断，不同于证人证言、当事人陈述等对案件事实的感性认识。鉴定意见是借助于鉴定人的专门知识转换了其他证据的内容，其转换过程不是简单的物质交换而是鉴定人的判断过程，其结果属于鉴定人对专门性问题的认识性意见或者判断性推断。即使是采用DNA技术的鉴定，其鉴定意见也不是DNA技术直接自动生成的结果，因其产生的数据不会自动生成鉴定意见。DNA鉴定意见仍是鉴定人对其检测结果或者数据的判读与认识，属于一种判断性意见。鉴定人应当亲自实施鉴定活动，否则不能作为鉴定人在鉴定书上签名。在实践中，对于同一专门性问题不同鉴定人有时会得出不同判断意见，这是正常的，其存在差别也是合理的。因此，多人参加的鉴定，对鉴定意见有不同意见的应当注明。

（3）鉴定意见是鉴定人对专门性问题作出的判断，它的作用是揭示其他证据与案件事实之间的因果关系或者证明价值。这种判断仅仅涉及事实问题，不得涉及法律问题。这些事实问题又是普通人仅凭直觉、直观或者一般经验知识、逻辑推理无法作出肯定或者否定性的判断，必须借助于科学技术手段或者专门技能、特殊经验进行鉴别和判断才能得出结论的事项，如亲子关系的判断、精神疾病的判断、笔迹和印章真假的判断等。如果案件不存在专门性问题则不需要鉴定，也就无所谓鉴定意见。对于法律问题应当由法官来认定。因为法律问题的认定权属于法官，职业法官对法律问题能够作出判断；而鉴定人的鉴定意见属于证据，仅仅涉及事实问题，如若涉及法律问题则会侵犯法官的职权，不具有证据能力。

（二）鉴定的分类

（1）依提起鉴定的主体不同，鉴定可分为指定鉴定和自行鉴定。指定鉴定是指司法机关依据法律规定，指派、聘请或委托专家对专门性问题进行判断并提供结论性意见的鉴定。自行鉴定是指当事人对案件的专门性问题私下委托鉴定人进行鉴别、判断并提供结论性意见。

（2）依鉴定的目的不同，鉴定可分为初始鉴定、补充鉴定和重新鉴定。初始鉴定是指由鉴定人进行的第一次或首次鉴定，是鉴定的常态类型。补充鉴定是指鉴定人在初始鉴定基础上，为了完备初始鉴定意见而对其中的个别问题进行复查、修改、补充，以使初始鉴定意见更加完备的鉴定。补充鉴定可由原鉴定人进行，也可以由其他鉴定人进行。补充鉴定不具备独立的鉴定的性质，其与初始鉴定一道，共同构成一个完整的鉴定。《民事证据规定》第27条第2款对补充鉴定作了规范：对有缺陷的鉴定意见，可以通过补充鉴定、重新质证或者补充质证等方法解决的，不予重新鉴定。重新鉴定是指法院根据当事人的申请或依职权要求鉴定人对同一鉴定事项再次进行鉴定并提供鉴定意见的制度。由于原鉴定可能在鉴定程序、方法等方面存在严重瑕疵，法院根据当事人的申请或依职权对同一鉴定事项重新进行鉴定显得很有必要。重新鉴定与补充鉴定不同，其本身属于独立鉴定。《民事证据规定》第27条第1款对重新鉴定作了规范，其内容是，当事人对人民法院委托的鉴定部门作出的鉴定意见有异议申请重新鉴定，提出证据证明存在下列情形之一的，人民法院应予准许：①鉴定机构或者鉴定人员不具备相关的鉴定资格的；②鉴定程序严重违法的；③鉴定意见明显依据不足的；④经过质证认定不能作为证据使用的其他情形。

（三）鉴定人

鉴定人是有专门知识的人。鉴定人作为有专门知识的人应当具备以下条件：①具有与所申请从事的司法鉴定业务相关的高级专业技术职称；②具有与所申请从事的司法鉴定业务相关的专业执业资格或者高等院校相关专业本科以上学历，从事相关工作五年以上；③具有与所申请从事的司法鉴定业务相关工作十年以上经历，具有较强的专业技能。因故意犯罪或者职务过失犯罪受过刑事处罚的，受过开除公职处分的，以及被撤销鉴定人登记的人员，不得从事司法鉴定业务。从事精神疾病鉴定的鉴定人还应当是具有五年以上精神科临床经验并具有司法精神病学知识的主治医师以上人员、具有司法精神病学知识和经验工作能力的主检法医师以上人员。

鉴定人是依法登记被编入鉴定人名册并被公布的有资格鉴定的人。鉴定人本身除了应当有专门知识外，还应当依法被登记、编入名册并予以公布。鉴定人依法登记取得鉴定人资格被列入鉴定人名册并被公布后，有权从事司法鉴定活动。我国对不同的鉴定机构采用不同的登记办法。对于侦查机关所属的鉴定机构实行备案登记，对于社会鉴定机构实行审核登记，均纳入司法行政部门登记名册并公告。未进入司法行政部门编制名册的鉴定人不属于司法鉴定人。当事人未申请鉴定，人民法院对专门性问题认为需要鉴定的，应当委托具备资格的鉴定人进行鉴定。尽管英美法系国家将鉴定人作为专家证人，在鉴定之前没有资格限制，但在法庭上仍审查其是否具有专家能力。

鉴定人是自然人。鉴定人应当是自然人而不是单位。这是因为鉴定所需要的专门知识只有自然人才能掌握，为提出鉴定意见所进行的观察、调查、分析、判断等一系列活动也只有自然人才能完成。在鉴定实践中有些鉴定以单位的名义出具鉴定意见，没有鉴定人签名。这种鉴定意见是不符合鉴定要求的，因无法通知鉴定人出庭作证，不能作为证据使用。另外，鉴定人应当在一个鉴定机构中从事司法鉴定业务，应当在鉴定人和鉴定机构名册注明的业务范围内从事司法鉴定工作。

鉴定人不同于证人。鉴定人和证人均是当事人之外的第三人在法庭上就特定案件事实进行陈述的人，但鉴定人和证人毕竟是两类性质不同的证据方法，存在诸多不同之处：①陈述的内容不同。证人提供证言是证人对其所感知的案件事实进行陈述，故只需要了解案件的事实情况，能够辨别是非、正确表达即可作为证人。鉴定人是补充法官认知能力不足，辅助法官认定事实的人，其陈述鉴定意见则并非如证人般单纯对案件事实的陈述，而是对案件中的专门性事项提供判断意见，故鉴定意见在内容上需要对案件事实有分析、判断。②感知案件事实的阶段不同。证人在案件发生时就对案件事实有所了解。鉴定人在案件发生时通常并不了解案件事实，其仅于受法院指定作为鉴定人时，才了解案件事实。如果鉴定人在案件发生时就对案件事实有所了解，其就应当作为证人，而不能作鉴定人。③是否适用回避不同。证人必须是感知案件事实的人，且只要知晓案件的事实情况就负有作证义务，故证人是不可选择和不可替代的，因此证人不适用回避制度。而鉴定人与具体诉讼的联系仅基于法院的选择。如果鉴定人与案件本身或案件当事人有利害关系或存在其他法定有碍公正鉴定的情形，其就不能作为法院指定的鉴定人，鉴定人适用回避的根本原因在于鉴定人是可更换和替代的。④陈述的规制不同。为了保证证人证言的客观性及真实性，法官询问证人应当个别进行，仅在必要情形下才能让几个证人同时出庭互相对质。鉴定人陈述鉴定意见则可以共同进行。⑤主体范围不同。证人只能是亲身感知案件事实的自然人。法人或其他组织不具备感知案件事实的能力，故不能作为证人。鉴定人原则上也应为具备专业知识的自然人，但在特殊情形下，可以是符合法定条件的机构。

　　鉴定人不同于专家辅助人。专家辅助人是指在某些领域具有特殊的专门知识或经验，根据当事人的委托并经法院准许，出庭辅助当事人对讼争的案件事实所涉及的专门性问题进行说明或发表专业意见和评论的人。专家辅助人制度是我国民事诉讼中独有的制度。《民事证据规定》第 61 条对专家辅助人作了规定：当事人可以向人民法院申请由一至二名具有专门知识的人员出庭就案件的专门性问题进行说明。人民法院准许其申请的，有关费用由提出申请的当事人负担。审判人员和当事人可以对出庭的具有专门知识的人员进行询问。经人民法院准许，可以由当事人各自申请的具有专门知识的人员就案件中的问题进行对质。具有专门知识的人员可以对鉴定人进行询问。从该项司法解释的规定中可以看出，专家辅助人存在以下几个方面特征：首先，专家辅助人是在某些专业领域具有专门知识或经验的人；其次，专家辅助人是以其对专门性问题的判断辅助当事人进行陈述的人，其陈述意见仅是协助委托人对案件涉及的专业问题进行说明；最后，专家辅助人陈述的意见具有专业性和独立性。专家辅助人与鉴定人是不同的。其一，专家辅助人并非一定是具备法定鉴定资格的鉴定主体，其可以是法定鉴定主体以外的人；其二，专家辅助人均是基于当事人之委托而参与诉讼，并非由法院指派或聘请。具有专门知识的人在法庭上就专业问题提出的意见，视为当事人的陈述。人民法院准许当事人申请的，相关费用由提出申请的当事人负担。由此观之，从某种意义上讲，我国的专家辅助人有点类似于英美法系证据法上的专家证人，但范围要比专家证人小得多。

鉴定人的权利：①有权了解全部案件情况，并有权要求人民法院提供为进行鉴定所需要的材料；②有权询问当事人、证人以及参加检验证据和现场勘验等活动；③有权拒绝鉴定；④有权用本民族语言文字作鉴定结论；⑤有权请求给付必要的鉴定费用和劳务报酬。

鉴定人的义务：①鉴定人接受鉴定任务后，除有正当理由外，必须按时到庭陈述鉴定结论；②鉴定人必须忠实地进行鉴定，对所需要鉴定的问题，必须认真负责地进行科学的实验、分析，做出科学的判断；③鉴定人必须接受审判人员、当事人和诉讼代理人对所鉴定的内容、结论提出质询，并应给予科学的回答和说明；④要遵守鉴定纪律，妥善保管提交鉴定的物品的材料；⑤对鉴定中涉及国家秘密的内容，必须严格保密。

（四）鉴定意见的证明意义

在我国民事诉讼中，由于司法实践中无论是当事人还是人民法院，对于鉴定意见依赖性很大，有的审判员直接将鉴定意见作为判案的直接依据。笔者认为，鉴定意见也是证据的一种，仍然需要像其他证据一样进行质证。在对鉴定意见进行质证时，鉴定人有义务在法庭上回答审判人员、当事人及其诉讼代理人提出的有关鉴定方面的问题。鉴定人应当出庭接受当事人质询。鉴定人确因特殊原因无法出庭的，经人民法院准许，可以书面答复当事人的质询。在法庭上进行的比较简单的鉴定，鉴定人也可用口头形式向法院提出鉴定意见，由书记员记入笔录，并由鉴定人在笔录上签名或盖章。不论以书面或口头方式提出鉴定意见，如有必要，当事人及其诉讼代理人都可以要求鉴定人对鉴定意见作补充说明或解释。这些说明和解释也应记入法庭笔录。如果数个鉴定人的鉴定意见互相抵触，或鉴定人未能提出肯定的意见，或者人民法院对鉴定意见有怀疑时，除可要求鉴定人进行补充说明或补充鉴定外，还可以另行指定鉴定人再行鉴定。

审判人员对鉴定人出具的鉴定书，应当审查是否具有下列内容：①委托人姓名或者名称、委托鉴定的内容；②委托鉴定的材料；③鉴定的依据及使用的科学技术手段；④对鉴定过程的说明；⑤明确的鉴定意见；⑥对鉴定人鉴定资格的说明；⑦鉴定人员及鉴定机构签名盖章。

八、勘验笔录

（一）勘验笔录的概念和特点

勘验笔录是指人民法院审判人员在诉讼过程中为了查明一定的事实，对与案件争议有关的现场、物品或物体亲自进行或指定有关人员进行查验、拍照、测量，对于查验的情况与结果制成的笔录叫勘验笔录。勘验笔录是一种独立的证据，也是一种固定和保全证据的方法。勘验笔录的特点：①一般作为间接证据使用。勘验是指法官基于自己五官的作用直接感知人或物的物理上的状态，并以其认识结果作为证据资料的证据调查行为。作为勘验对象的人或物，即为勘验标的物，或勘验物。勘验起源于采取法定证据主义的古代德意志诉讼法，勘验笔录是当时最有价值的证据方法，且占优先地位。现今看来，由于勘验笔录通常不能直接证明案件中的主要事实，而只能证明案件事实中的某些片段或个别情节，因而在一般情况下，只能作为间接证据加以使用。只有把一系列的片段和情节串联起来，在逐一排除了其他各种可能性之后，才能最终证明案件的主要事实。同时，某一物品或痕迹是否能够作为证据，往往还需要其他的手段加以印证。②具有较强的客观性。勘验最突出的特点在于法院实际接触对象物体并直接作出事实判断，因此勘验物的证据力通常优于其他证据。

（二）勘验笔录的分类

依不同标准可以对勘验笔录作不同的分类：

（1）依勘验物的体积大小及具体调查手段的不同，可将勘验笔录分为宏观勘验笔录、常态勘验笔录和微量勘验笔录。宏观勘验笔录是指对不能提取、不能随案移交的体积较大的勘验物进行勘验后所作的笔录，如房屋、轮船、火车、汽车和飞机等。对于宏观勘验笔录，只能采取拍照或者录像的方式予以固定保全，或者暂予以扣押封存，必要时由法官亲自到现场勘查。常态勘验笔录是指对能够以常规手段加以提取，可以随案移交的勘验物进行勘验后所作的笔录，如匕首、棍棒、枪支、衣物及毛发等。微量勘验笔录是指对不能直接被人的感官所发现，必须借助相应科学设备才能发现、提取和送交的体积微小的勘验物进行勘验后所作的笔录，如微量的物质粉末、肉眼所无法看见的细小痕迹等。

（2）依勘验笔录赖以发挥证明作用的方式之不同，可把勘验笔录分为特征勘验笔录、属性勘验笔录和状态勘验笔录。特征勘验笔录是指以勘验物外部特征发挥证明作用的勘验笔录，如指纹、足迹、工具痕迹及财物等。属性勘验笔录是指以勘验物自身的品质和内部属性发挥证明作用的勘验笔录。属性勘验笔录证明案件事实的属性，仅从外部形状一般难以观察出来，如化学制剂、爆炸物、血液、分泌物及气味等。状态勘验笔录是指以勘验物存在状况发挥证明作用的勘验笔录。在某些案件中，尽管特定物品的外部特征与内部属性均未发生变化，但其在时空中的存在状况发生了变化，如位置的移动等，也可以成为认定案件事实的证据。

（3）从勘验笔录的形态角度，可将勘验笔录分为固体勘验笔录、液体勘验笔录和气体勘验笔录。在一般案件中，绝大多数的勘验笔录表现为固体形态，但也常会遇到一些液体形态的勘验笔录证据，如煤油、汽油、酒精、甲醇、饮料和化学制剂等，有时也会遇到气体勘验笔录，如毒气等。此外还有一些以更为特殊的形态表现出来的勘验笔录，如声音、光线、热能、磁场及电流等。随着科学技术的迅猛发展，司法机关发现、提取、固定和保全勘验笔录的能力的日益提高，以特殊形态出现在庭审中的勘验笔录也必将会大量增加。

此外，依勘验物是否属于当事人间有争议的标的物，可将勘验笔录分为是争议的标的物之勘验笔录和不是争议的标的物之勘验笔录；依占有主体的不同，可将勘验笔录分为当事人持有的勘验笔录和非当事人持有的勘验笔录；依能否当庭出示或存入案卷，可将勘验笔录分为能拿到法庭出示或存卷的勘验笔录和不能拿到法庭出示或存卷的勘验笔录；依是否易于保存，可将勘验笔录分为易保存的勘验笔录和不易保存的勘验笔录；依类别不同，可将勘验笔录分为特定勘验笔录和同种类勘验笔录；依勘验笔录之来源，可将勘验笔录分为原始勘验笔录和复制勘验笔录等。

（三）勘验笔录与书证的区别

勘验笔录是以其文字、图表等记载的内容来说明一定案件事实，从这个意义上来说，它与书证有相似之处，但不能认为它是书证。两者主要区别是：①产生的时间不同。书证一般是在案件发生前或在发案过程中制作发生的；而勘验笔录则是在案件发生后，在诉讼过程中，为了查明案件事实，对物证或者现场进行检验后制作的。②制作主体不同。书证一般是由当事人或有关单位及公民制作的；而勘验笔录则是办案人员或人民法院指定进行勘验的人，执行公务依法制作的一种文书。③反映的内容不同。书证一般是用文字、符号来表达其内容，本身能直接证明案件的事实情况，是制作人主观意志的外部表现；而勘验笔录的文字、图片记载的内容，是对物证或者现场的重新再现，其内容不能有制作人的主观意思表示，完全是一种对客观情况的如实记载。④能否重新制作不同。书证不能涂改，也不能重新制作，要保持其原意；而勘验笔录则不同，若记载有误或不明确，可以重新勘验，并作出新的勘验笔录。

第七章　民事证据的种类

一、本证与反证

（一）本证与反证的概念

根据证据与证明责任的关系可将证据分为本证与反证。本证是指一方当事人为证明其事实主张，提出能证明该事实主张存在的证据。反证是指一方当事人为证明其抗辩事实主张而提出的旨在推翻对方当事人主张的待证事实的证据。本证与反证一般不能并存，但是在特定情况下，本证与反证可能同时存在。本证和反证是民事证据非常重要的一种分类。其分类的依据是证据的提供与证明责任分配之间的关系。当对某一要件事实的证明责任仅存在于一方当事人这一原则得到确认之后，本证与反证的区分就变得重要起来。反证与反驳证据或者证据答辩不同。反驳证据是指一方当事人对另一方当事人提出的证据，指出其不合法、不真实或者无关联的依据。由于它并没有证明新的事实存在，不一定能推翻对方主张的事实。反证是一方当事人另行提出证据，用以证明相反事实的存在，从而否定、推翻对方当事人的主张。反驳证据或者证据抗辩是相对对方提供的证据而言，仅证明证据不具有合法性、真实性、关联性，是反驳对方提供证据的依据，目的在于使本证不能作为证据使用。反证则是通过证明对方主张的事实不存在，促使本证证明的事实不能被认定。

（二）本证与反证的特点

本证的证明主体对所主张的事实的成立负有证明责任，旨在积极影响法官心证的形成，以便对其所主张的事实作出肯定性认定。本证是负有证明责任的一方为证明其主张成立所提供的证据，在一定程度上具有攻击的性质，带有控诉证据的特征。一般来说，对负有证明责任的一方有利且支持其主张的证据为本证。对于本证的认定不能简单地认为原告提供的证据为本证，被告提出的证据为反证。本证与原告和被告的诉讼地位无关，仅仅与证明责任以及是否可以证明主张的事实有关。

反证是一种防御证据。反证是为阻止本证证明事实成立的证据，即为当事人一方对于他方的主张事实，防止法官确信其为真实而提出的证据。反证同本证一样既可由被告提出，也可由原告提出。在理论上应当分清哪些证据为本证、哪些证据为反证以及哪些证据为证据抗辩。反证是一种消极证据。反证具有侵吞和消灭本证证明事实存在的功能，使其证明主张的事实因相反事实证据的存在而不被法院认定。它与当事人的诉讼地位无关，原告、被告或第三人均可成为反证的主体。反证与证明责任不相关联。反证提供证据的主体不负有证明责任，反证具有否定或者反对本证的意义，其目的主要是消极妨碍法官心证的形成。反证与推定密切相连，某些推定可以成为反证的对象。如我国在实践中存在妨碍举证的推定，认为"有证据证明一方当事人持有证据无正当理由拒不提供。如果对方当事人主张该证据的内容，不利于证据持有人，可以推定该主张成立"。其主张成立并不代表其胜诉，仅仅是持有证据这一事实成立。

（三）本证与反证的适用

我国《民诉法解释》第 108 条规定：对负有举证证明责任的当事人提供的证据，人民法院经审查并结合相关事实，确信待证事实的存在具有高度可能性的，应当认定该事实存在。对一方当事人为反驳负有举证证明责任的当事人所主张事实而提供的证据，人民法院经审查并结合相关事实，认为待证事实真伪不明的，应当认定该事实不存在。从这一规定可见，本证的证明标准要求更高，必须使法官达到确信的程度；反证的证明标准则低一些，只要足以动摇法官的心证、使待证事实真伪不明即可。也就是说，本证必须达到使法院确信当事人所主张的待证事实为真实程度；而反证则无须达到使法官确信待证事实为不真实的程度，只需使法官对待证事实存在的确信发生动摇即可。由于不负证明责任的一方当事人提出反证，目的在于推翻或者削弱本证的证据力，使法院对待证事实的确信发生动摇，因此只要当事人所提的反证使得待证事实陷于真伪不明的状态，即可达到其目的。因为，如果案件事实最终仍然处于真伪不明的状态时，法院将根据证明责任分配的原理，判定提供本证的一方当事人承受相应的不利益。因此在适用本证与反证时要掌握不同的证明标准。

在本证和反证均已提出的情况下，法官应先对本证进行调查，如果本证的证据力明显薄弱，达不到证明标准，法官就没有必要再对反证进行调查。一般反证的提出是在本证之后，因为只有当负有证明责任的一方当事人提出本证，并使事实认定朝着不利于对方当事人的方向发展，法官即将或已经形成认定事实的临时心证时，对方当事人才有提出反证的必要。当然，在诉讼中不排除不负证明责任的当事人先行提出反证的可能，尤其在关于某一事实的证明责任分配不甚明确，不负证明责任的当事人提前出示反证可能为自己赢得主动时更是如此。在民事诉讼中，被告所提出的证据未必均属反证，原告所提出的证据亦未必均属于本证。

注意区分反证与证据抗辩。就反证而言，是对不负证明责任的当事人所提出的否认性陈述进行证明而达到阻止法官认定法律要件事实的存在的目的，而就证据抗辩而言，是当事人通过直接针对证据本身提出否认性主张而达到阻止法官认定法律要件事实的目的。当然，提出证据抗辩的不限于不负证明责任的当事人，即负证明责任的当事人亦可针对对方当事人所提之反证提出证据抗辩。就此而言，反证与证据抗辩在提出主体上并非完全一致。《民事证据规定》第72条规定：一方当事人提出的证据，另一方当事人认可或者提出的相反证据不足以反驳的，人民法院可以确认其证据力。一方当事人提出的证据，另一方当事人有异议并提出反驳证据，对方当事人对反驳证据认可的，可以确认反驳证据的证据力。其中一方当事人提出的证据即为本证。而另一方当事人认可或者提出的相反证据和反驳证据则并非是反证，而是证据抗辩，是一方当事人向法院所作的认为对方当事人所提出的证据在证据能力或证据力存在瑕疵的陈述，证据抗辩的目的在于阻却某一证据成为法院证据调查的对象。虽然反证与证据抗辩之根本目的均在于阻止法官对负证明责任的当事人所主张的事实形成内心确信状态，性质上皆属于当事人的防御方法，但反证与证据抗辩发挥效用的方式存在本质上的差异。

二、原始证据与传来证据

（一）原始证据和传来证据的概念和特点

根据证据的来源不同可以将证据分为原始证据与传来证据。原始证据和传来证据是最为古老的一种证据分类形式。原始证据是指直接从第一来源获得的并能够与案件事实保持最初联系的证据。原始证据指直接源于最初原因或者表现为最初形式的证据。凡是在形式上未经过复制、增减、传抄、转述、转达等中间环节的证据，均为原始证据。原始证据一般源于案件事实本身，强调来源的初源性，并非一定是案件事实的"碎片"，如勘验笔录是原始证据。尽管勘验笔录不是案件事实发生时产生的或者其内容不是勘验本身，但因产生的初始性而成为原始证据。传来证据也称派生证据，是指经过转述、转抄、复制、复印等中间环节而生成的证据。凡是从第一来源之外获得的证据均可称为传来证据。传来证据因非来源于案件事实，所以又称为非第一源的证据，也称为"传替证据""派生证据"或者"衍生证据"，如物证的复制品、照片、书证的复制件等。原始证据和传来证据的划分揭示了不同类别证据与案件事实的关联度，反映了它们与案件事实之间证明力的强弱样态，是衡量证据可靠性与证明力的一个标准。在实践中应当尽可能使用原始证据，这并不意味着从传来证据中就不能得出真实的结论，也不意味着传来证据就是第二等证据。原始证据也应当经过查证属实，并不能依据这种分类简单地得出原始证据优于传来证据。当原始证据与传来证据并存时，也不应绝对地采用原始证据，或者认为"原始证据的证明力一定大于传来证据"。传来证据与原始证据并用可以增强原始证据的证明力。在特定的情况下，传来证据可替代原始证据证明案件事实。因此原始证据与传来证据的分类对于正确选择适用证据和科学地判断证据的证据力具有特别重要的意义。

原始证据具有较强的客观性。原始证据一般与案件事实具有直接关系。原始证据一般是民事行为直接产生的证据，与案件事实具有直接的关联性，没有经过中间环节，干扰源较少，能客观地反映案件事实的本来面目，属于距离案件事实最近的证据。原始证据与案件事实之间具有自然关系，是未经过复制、复印、传抄、转述等中间环节获得的证据。因此原始证据客观性较强，证据力也较强，如盗版制品虽然是传来的，但对于证明盗版违法行为仍是原始证据。原始证据不以获取主体不同而发生变化，如当事人亲自提取的为原始证据，法院提取的也为原始证据，法院委托外地法院提取的仍为原始证据。只要它未经过任何中间环节的"污染"与转换，就能与案件事实之间具有自然关系。原始证据不是一成不变的。原始证据由于受自然环境、自身的原因和收集、固定的条件差异等外部环境因素的影响，也会发生变化，甚至"面目全非"，如作为原始证据的物证因时间久远或风雨侵蚀而变形，证人因记忆不清而陈述错误，或者因收集证据的技术落后、收集过程的不当损害使之发生变异。因此，原始证据不能不经审查就直接认定或者采纳，因为原始证据不具有天然的真实性。

传来证据不直接源于案件的事实，一般是经过复制、复印、传抄、转述等中间环节或间接渠道形成的证据，与案件事实之间不具有直接的关系。一般来说，复制、复印、传抄、转述的次数越多，它与案件事实的距离就越远，出现差错、失真的可能性就越大，真实性与可靠性也就越差，其证据力具有逐渐减弱的可能性。传来证据相对原始证据具有派生性。传来证据可以源于原始证据，也可以源于其他传来证据，但其最初的本源应为原始证据。传来证据是在另一个证据基础上生成的。它不仅可能在原始证据的基础上产生，也有可能在其他传来证据的基础上产生，甚至是无中生有。传来证据不同于传闻证据。传闻证据在英美法系国家具有约定俗成的意义和规则，在适用上多限于非直接感知的言词证据。传闻证据是指陈述人在法庭以外就自己所感知的案件事实所作的陈述或由他人制作的陈述笔录，或由他人在法庭上所作的转述。传来证据包括的范围比传闻证据广泛，不仅包括言词证据而且包括实物证据，如证人的庭外书面陈述属于传闻证据，属于原始证据，而不是传来证据。尽管原始证据一般情况下比传来证据可靠，但传来证据在诉讼中也具有不可低估的作用：第一，传来证据可作为发现原始证据的线索。一般来说，原始证据并不是唾手可得的，在诉讼的开始往往不能直接接触到原始证据，有的原始证据是根据获得的传来证据作为线索而收集到的。第二，传来证据可以作为审查原始证据的手段，审查原始证据是否可靠。在特定情况下，原始证据的可靠性可以通过传来证据的检验而得到核实，传来证据可以证实和增强原始证据的证明力。第三，传来证据在不能获得原始证据或原始证据无法直接取得或不必直接提取时，经过查证属实可以作为定案的根据。如文件原本已经毁灭或遗失，或者有些原始证据不能提交或者无法提交时，可取得它的复印件、复制品作为证据。当然，在采用传来证据时应当尽可能地收集或者采用最接近原始来源的传来证据。

（二）原始证据和传来证据的适用规则

原始证据源于案件事实，与案件事实有直接关系，相对于传来证据能够保持更多原有的可靠信息。对于同一源的证据来说，当原始证据与传来证据并存时，应优先采用原始证据。如《民事诉讼法》第 70 条规定：书证应当提交原件。物证应当提交原物。提交原件或者原物确有困难的，可以提交复制品、照片、副本、节录本。有观点认为，原始证据的证据力一般大于传来证据，这仅就同一事实而言，对此不可机械地理解或者僵硬地执行。原始证据也应当经过法庭质证，应当说明其来源以及收集、固定、保存的方法或者方式，并有相关证据证明。对来源不明或者存在疑问而无法证明的，不能作为证据使用。

传来证据因其在传达、转抄、复制等诸多环节易于失真或者被污染的特点，在适用规则上有所限制，因此传来证据未能查明来源或来源不明的，或者传出源存在相互矛盾的，不能作为定案根据。对传来证据，查明来源是第一要务。当存在相同的两个传来证据时，一般复制、复印、传抄、转述的次数较少的或者与案件事实的距离近的，应当优先适用。传来证据存在疑点，能够被排除疑点的，可以适用；疑点不能被排除的，不得作为证据使用。只有原始证据提交确有困难的，可以提交传来证据。对书证、物证、视听资料进行质证时，当事人有权要求出示证据的原件或者原物，但有下列情形之一的除外：出示原件或者原物确有困难并经人民法院准许出示复制件或者复制品的；原件或者原物已经不存在，但有证据证明复制件、复制品与原件或者原物一致的。

三、言词证据与实物证据

（一）言词证据和实物证据的概念和特点

根据证据的表现形式不同可以将证据分为言词证据与实物证据。言词证据是指以人的陈述为存在或者表现形式的证据。一般需要通过询问或讯问获得有关人员直接或间接感触的与案件事实有关的陈述。这种人的陈述由于瞬间即逝，往往需要笔录予以固定，形成如证人证言笔录、当事人陈述笔录等证据。尽管这些笔录以书面的形式出现，但其本质仍为言词证据。实物证据是指以实物样态、方式为表现形式的证据。它既包括以实物样态存在的物证、书证、视听资料，又包括通过书面材料、照片、绘图、摄影等手段获取的实地察看、检验、调查等勘验、检查与现场笔录。言词证据和实物证据是根据证据外在形态、表现形式、存在状况、提供方式以及表述事实的载体不同而作的分类。也有学者将其分为人证与物证，但它们之间仍有一定的区别。

言词证据是以人作为载体，通过表达的内容来证明案件事实的证据，其内容比较形象、生动，在一定程度上具有深刻性、全面性，又因人的陈述能够将案件的发生原因、过程、结果等具体情节描述得较为清晰，一般与案件事实之间具有明显的关联性。言词证据查证属实后，能够直接揭示案件事实情况，能够直接证明案件事实。其证据的内容与直接源于案件事实的物证本身相比，以人作为载体将其他事实的内容转化为语言使之具有一定的"故事性"。但是并非所有以人作为载体的证据均为言词证据，如人身遗留的伤痕，尽管人是载体，但不是言词证据。言词证据是人对案件事实的反映，具有可变性。言词证据作为人的陈述，往往会受自身条件（记忆力、理解力、表达力以及诚实等）或客观环境的影响，对于同一个事实陈述在某些方面可能存在一定的差异性。其差异性既包括本质差异也包括非本质差异，应当通过一定的询问程序予以揭示，再通过质证查实或实物证据验证后，才能作为定案的根据。言词证据是以语言的方式提供的，其内容具有复杂性。由于语言本身具有多义性和人们对语言理解的差异性，尽管表达得正确，但在某些方面也会因人们理解的不同产生一些歧义。因此对言词证据的认识、理解应当限定在一定的语境之中，不可借题发挥，进行创造性想象，不可轻信。

实物证据是以实物为载体来证明案件事实的，一般比较客观，受人为因素的影响较少，具有较强的客观性。实物证据一般为间接证据，具有被动性。这种证据仅仅反映案件事实的一个片段，通常情况下不能反映案件事实的全貌，无法直接证明案件事实的存在与否，它也不会主动证明案件事实，只有借助于其他证据并结合推理，才能发挥证明案件事实的功能。实物证据并非一成不变，会随着自然的变化而变化，或因自然的影响而遭到破坏。同时，由于实物证据收集方法的非科学性以及科学技术的有限性或人类自身的弱点，收集到的实物证据有可能会导致与原物存在一定差异。但是这种变化只要符合规律性，即使发生了变化，人们也能够从变化的规律中发现真实，发挥其作为证据的作用。

（二）言词证据和实物证据的适用规则

言词证据是以人作为证据的载体，作证主体与案件及当事人的关系应当作为审查对象，防止因存在的利害关系或者利益关系而出现伪证、瞒证、漏证、错证等现象。言词证据一般要有实物证据验证。言词证据以口头询问的方式产生，其询问的方式和程序应当符合法律规定，不得采用暴力、威胁及其他非法的方法取证。言词证据应在法庭上以口头的方式来证明案件事实，采用直接口头规则，一般情况下不宜直接以书面的形式作为证据使用。言词证据由于言词易出现歧义，一般采用交叉询问的方式审查其真实性，其审查的内容为人的诚实性和信用性，其中陈述的环境与自愿性是最为关键的。

实物证据在一般情况下只能证明案件事实的一个方面或一个侧面，无法证明案件事实的全貌，因为它属于"哑巴"或者"不会说话"的证据，需要借助于相关言词表述查清它与案件事实之间的关系。实物证据因具有间接性，其证明力多以科技手段为依托，通过勘验、检查、搜查、扣押、鉴定等行为，需要借助于科学技术设备或具有专门知识的人员予以揭示。对实物证据审查时，不仅需要借助技术手段或专业人员的能力进行审查，而且还需要合法的收集程序以及科学的收集、固定、保存等方法来维护。实物证据一般属于间接证据，运用实物证据时应当适用间接证据规则，应关注实物证据有无伪造、变造以及被污染、调包等情况。实物证据需要人的视觉、触觉、知觉直接感知或者借助某种仪器设备间接感知其内容，即使实物证据本身是客观的，也可能由于获知其意义的环节出现差错，致使其客观性失真，因此不能不经审查而直接作为定案根据。实物证据不像言词证据那样易受人的主观性影响而出现失真和虚假，也难以伪造，但因物证染指于人的因素以致其并非绝对可靠，盲目地相信物证也会带来错案。

四、直接证据与间接证据

（一）直接证据与间接证据的概念和特点

根据证据与待证事实之间联系的不同，可把证据分为直接证据与间接证据。直接证据是指仅凭其自身的证明作用就能够直接证明案件某一待证事实的证据。间接证据是指仅凭其自身的证明作用不能直接证明案件的某一待证事实，必须与其他有关证据结合起来才能证明该待证事实的证据。只有若干间接证据组合起来，形成一个完整的证据链条，才能证明案件的待证事实。直接证据多表现为言词证据。因直接证据涉及何人、何事两个方面，其本身多表现为具有描述性的言词证据，而这些言词证据在证明范围上存在不同。如证人证言可能会详细地描述案件的全部经过；而监控录像、手机视频能够证明何人、何事，其作为实物证据也是直接证据。直接证据与案件事实具有重合性。直接证据所蕴含的事实与案件的主要事实是重合的，其内容一般不存在矛盾，在证明案件事实上具有较强的稳定性和明确的实在性。直接证据可贵之处在于它只有一个能够被质疑的地方，即证人证言、当事人陈述的真实性和准确性。直接证据证明案件事实具有直接性。直接证据在证明案件主要事实时不需要经过任何中间环节，也无须借助于其他证据进行逻辑推理和综合判断查证属实，即可单独、直接证明案件主要事实的存在，对案件事实作出肯定性认定。

间接证据证明案件直接事实具有间接性。间接证据在证明案件事实或当事人系争的事实时，需要通过逻辑推理来完成。只有将多个间接证据证明的某些相关案件事实结合起来经过推理等方法，才能推论出直接案件事实，在证明直接案件事实上无法一步达到案件中实质争议的问题，表现出间接性。间接证据的形式具有复杂多样性。间接证据的种类繁多、形式多样，既可以是言词证据也可以是实物证据。这些证据因与案件直接事实不具有直接的关系，仅仅能够证明案件事实的某些片段或者情节，所以其证明案件事实需要借助于推理过程，其证明案件事实的过程也更为复杂。

（二）直接证据和间接证据的适用规则

一个独立的直接证据不能作为案件事实认定的根据。任何证据都不能证明自己的真实性，直接证据也不例外。尽管单独一个直接证据能够证明案件的主要事实，即使能够全面描述案件的情况，但因其无法确认本身内容的真实，所以仅仅依靠其作出案件事实的肯定性认定存在着极大的风险。直接证据作为证据应当经过法定程序查实才能作为定案的根据。当案件主要依靠一个直接证据作出肯定性认定时，需要得到其他证据的佐证或者补强。当证明同一事实既存在直接证据又存在间接证据时，直接证据的证明力一般大于间接证据的证明力。在具体的案件中，基于案件事实证明的要求，应当尽可能多地收集直接证据。但在有些案件中直接证据较少且难以获得。另外在某些案件中虽然存在直接证据，但因直接证据与案件当事人存在利害关系，如当事人陈述在实践中不可轻信，所以也不宜盲目扩大其证明作用。只有在广泛收集所有证据，综合运用各种证据的基础上，才能全面充分地展示案件的全景。

间接证据不能单独证明案件的主要事实，必须与其他证据结合起来才能发挥其证明案件主要事实的作用。由于间接证据与案件主要事实没有直接关系，运用起来不如直接证据那样便捷，所以应当遵循间接证据认定案件事实的规则：

第一，每个间接证据都是依法取得且已查证属实。证据是认定案件事实的依据，必须审查间接证据的来源和表现形式是否符合法律规定。对每个间接证据必须经过法庭质证查实其内容，未经查证核实的不能作为证据使用。在运用间接证据判定案件时，作为推论案件主要事实基础的每一个间接证据必须具有确实性，并有其他证据予以佐证或者相互印证。

第二，间接证据之间相互印证，不存在无法排除的矛盾和无法解释的疑问。间接证据之间的印证性关系、同向性关系均表现为一致性的关系。印证关系要求印证间接证据具有高度一致性。同向性关系要求间接证据的证明方向具有一致性。间接证据之间没有矛盾是指各个证据间不具有相互支持性，在各个间接证据中每一个证据的存在并不会使其他证据证明的结果更为不可能。由间接证据组成证据体系来证明案件的主要事实，要求组成证据体系的各个间接证据之间的关系达到指向目标的一致性。用间接证据组成证据体系判定案件，不允许证据间存在矛盾或冲突。间接证据作为证据应当具有排他性，排除各种可能性和合理怀疑。如果间接证据与间接证据之间存在着多种可能性或合理怀疑，再多的间接证据也不能定案，据以定案的间接证据必须已经形成一个完整的、缜密的证明体系。

第三，间接证据不能单独证明案件的主要事实。在诉讼中，多数证据为间接证据。这些证据因与案件主要事实不具有直接的关系，仅仅能够证明案件主要事实的某些部分或者某一环节，不能单独证明案件的主要事实。其证明案件主要事实需要借助于推理过程，必须与其他证据结合起来才能发挥其证明案件主要事实的作用。证据只有形成了一个完整的证明体系才能作为定案的根据。定案的间接证据应同锁链一样，一环扣一环，环环相扣，结成一个整体。这个证明体系究竟需要多少间接证据才算完整，需要具体案件具体分析。

第四，间接证据认定的案件事实所得结论是唯一的，足以排除一切合理怀疑。间接证据形成"证据锁链"应当是在所证明的案件事实之间协调一致，必须足以排除其他可能性而得出唯一结论。这种唯一性是指只有一种可能性而不存在多个可能的答案。

第五，间接证据进行的推理符合逻辑和经验判断。因为每个间接证据只能反映出案件事实的某个片段、某个侧面，不可能反映出案件事实的全貌。只有通过推理，才能认识间接证据与间接证据之间、间接证据与案件事实之间的联系，从而联结事实的各个片段，从已知的间接证据证明事实中推出未知的案件事实。

第八章　证明对象

一、证明对象的概念和特征

所谓证明对象也称待证事实、证明客体，是指由实体法律规范所决定的，在民事诉讼中由对立的双方当事人提出诉讼主张和采用证据加以论证和证明的，并最终由裁判者加以确认的案件事实。证明对象是证明的出发点。在民事诉讼中当事人起诉需提出一定的证据，被告人进行答辩、反驳或者反诉时也要提出一定的证据。这些证据的提出不是为了别的目的，而是为了证明自己的主张。因此当事人提出的证据仅是一种手段，是一种为了求得胜诉的手段。证明制度的目的在于证明主体通过各种证据以实现证明客体的确定化和客观化。

证明对象的确定有利于审判人员和当事人有目的地收集和提供证据，也有利于人民法院及时地查明案件的事实，正确地解决民事纠纷。在民事诉讼中不是所有案件的事实都能成为证明对象。能够成为证明对象必须具备以下的特征：①与当事人主张的请求有密切联系，即证明对象的确定与实体法律规范中的要件事实有着密切的联系。当事人要使自己的诉讼请求获得人民法院的支持，必须就自己主张的事实与实体法规中抽象的要件事实相一致，才能获得该法规的相应效果。②对正确处理案件有法律意义。也就是说能够成为证明对象的事实必须是与审理的案件有关联的事实，只有与案件有关联的事实，对于当事人和人民法院来讲才是具有重要意义的事实，即对于认定案件事实能够具有法律上的意义。如果某一事实与案件无关联或对认定事实无法律上的意义的话，就不能成为证明对象。③双方当事人对该事实存在着争议，即作为证明对象的事实必须是处于真伪不明状态。也就是说，该事实存在与否必须由证明主体进行证明，以消除真伪不明这一状态。可见证明对象与证明责任的关系相当紧密。④不属于诉讼上免予证明的事实。

二、证明对象的具体内容

（一）实体法事实

实体法事实是民事诉讼中最主要的证明对象，可以进一步划分为关于民事法律关系发生、变化和消灭的事实以及发生民事争议的事实两个组成部分。根据《民事诉讼法》第 64 条第 1 款"当事人对自己提出的主张，有责任提供证据证明"的规定，当事人主张的事实应当为民事诉讼的证明对象。一般来说，当事人主张的实体法事实主要包括涉及当事人实体权利义务关系的事实。这些事实主要包括：①当事人之间权利义务关系赖以发生、变更或消灭的事实；②民事权利遭到侵害或发生争议的事实；③妨碍权利发生、变更和消灭的事实；④当事人的基本状况。

（二）程序法事实

程序法事实是指能够引起民事诉讼法律关系发生、变更或消灭的事实。程序法事实虽然不直接涉及当事人之间实体权益的分配，但却对民事诉讼程序的开始、进行和终止都具有重要的意义。我国法学界对程序法事实是否作为证明对象存有争议，大致存在肯定说、否定说和折中说。其争论的主要原因是我国诉讼法没有确立程序法定原则，深层原因是实体正义作为诉讼的目标，而没有看到程序问题对实体的制约、影响的功能。笔者认为，程序法事实应当作为证明对象，这样有助于保持实体正义与程序正义的平衡，体现程序法的自身价值。民事诉讼中的程序法事实主要包括：①有关当事人适格的事实；②有关法院主管及其管辖的事实；③有关合议庭组成是否合法以及审判人员回避的事实；④有关采取排除妨碍民事诉讼强制措施的事实；⑤有关举证期间的事实；⑥其他有关程序事项的事实。

（三）证据性事实

我国《民事诉讼法》规定的 8 种证据本身，也需要证据加以印证。对于证据事实应否作为证明对象，理论与实践存在不同的观点。第一种观点认为证据事实不是证据对象。其主要理由为：直接证据事实与案件主要事实重合，间接证据事实与案件事实实际上也是重合的，再将它们独立地列为证明对象没有实际意义；证据事实归根结底只是证明实体法事实或程序法事实的手段，即证明对象的手段。证据需要经过查证属实才能作为认定案件的根据，这属于对证据的审查判断问题，不宜划归证明对象，应纳入证明要求的范畴。证据是解决案件事实的手段，它与案件事实之间是证明手段与证明对象的关系，证据事实不是案件事实，不能把对案件事实的证明与对具体证据的审查判断混淆，不能因为证据须经查证核实就自然成为证明对象，否则就会出现逻辑上的循环，即证明证据事实的事实仍需要查明，也应当作为证明对象，依此类推将会不断地循环下去。第二种观点认为部分证据事实是证明对象。其主要理由为：人证的事实首先是证明对象。因为人提出的事实都是过去曾经发生过的事实，这样的事实已经是存而不在，属于不证不明的待证事实。物证不是证明对象，因为物证是客观存在的物品和痕迹，它能够为人们直接所见，是现实存在的事实，尽管需要勘验或者鉴定，但是这些活动不是证明物证的活动，而是认识物证的活动。在诉讼中，当用证据事实证明案件真实情况时，证据事实就成为证明对象。第三种观点认为证据事实是证明对象。其主要理由为：证据必须查证属实，才能作为定案的根据。对证据查证属实本身就是一个证明过程。办案机关以及当事人、律师收集的各种证据材料有真有假，不经查实不能以证明案件的实体法事实和程序法事实。因此，需要查实的证据也应当是诉讼中的证明对象。证据事实有些就是案件事实，借助一部分案件事实去证明另一部分案件事实，而所要借助的这一部分案件事实，如果需要证明时，它就是证明对象，只有它证明后才能去证明另一部分案件事实。笔者同意第三种观点。我国《民事诉讼法》规定，所有证据都要查证属实，因此我国现阶段的立法是肯定证据本身也应当作为证明对象的。

（四）外国法律和地方性法规

一般来讲，法律和法规是无须进行证明的。但是在特殊情况，下外国法律和地方性法规应作为证明对象，特别是在涉外民事诉讼中，如果当事人要求援引某国法律来解决纠纷时，该项外国法律应作为证明的对象。我国相关法律规定外国法律可查明的途径是：①由当事人提供；②由与我国建立司法协助协定的缔约对方的中央机关提供；③由我国驻该国使领馆提供；④由该国驻我国使馆提供；⑤由中外专家提供。这些规定可以看出我国的相关司法解释实际上是要求外国法作为证明对象的。由于我国地域广泛，地方性法规较多，审判人员不可能全部了解和掌握，因此，诉讼中如涉及地方性法规，有时也会成为诉讼的证明对象。

（五）经验法则

所谓经验法则指由经验归纳而得的关于事物的性质、状态及因果关系的知识、法则。除属于日常生活常识的一般经验法则外，也包括自然科学、商业交易、文学艺术等专门知识的特殊的经验法则。一般来说，法官对于一般的经验法无须证据即能直接利用，不产生证明的问题。而通常情形下仅专业人士才能掌握的特殊的经验法则不能苛求法官也知晓，故应为证明的对象。

第九章　免证的事实

免证事实又称不要证事实，是指在诉讼中无须经由当事人提供证据予以证明，而可直接由受诉法院裁判确认的事实。由于免证事实攸关当事人证明责任的范围，对当事人的影响非常大，故各国和地区民诉立法上均对免证事实的范围予以明确界定，从而防止受诉法院滥用自由裁量权。当然，免证事实的意义仅仅在于免除了当事人对于该类事实的证明责任，并不能免除当事人的主张责任。

一、诉讼上自认的事实

（一）诉讼上自认的事实的概念和特点

当事人诉讼上的自认是指一方当事人口头或书面承认对方当事人提出的不利于自己事实的真实性并产生一定法律后果的诉讼行为。自认作为当事人一方的陈述，通常被理解为对其不利的有效证据。民事诉讼当事人参加诉讼，都希望自己获得胜诉，使自己的合法权益得到保护。在诉讼中，当事人一般总是尽可能地从有利于自己的方面进行陈述，并对他方不利的诉讼请求和所依据的事实、理由极力加以否认和辩驳。如果当事人一方对他方有关不利于己的事实陈述和所提出的诉讼请求不加以辩驳，相反予以承认、肯定其真实性和合理性，则属于当事人的自认。我国民事诉讼法规定，在民事诉讼中，一方当事人对另一方当事人陈述的案件事实明确表示承认的，另一方当事人无须举证。

诉讼上自认的事实与诉讼请求的自认区别。诉讼请求的自认是指在民事诉讼中，被告向法院所作的承认原告诉讼请求有理由的意思表示。从字面含义看，无论是当事人对事实的自认还是诉讼请求的自认都指一方当事人对另一方当事人所主张的某一事项的承认，但诉讼上的自认与诉讼请求的自认在承认性质上存在根本的差异，主要表现在以下几个方面：第一，主体不同。诉讼上的自认的主体是双方当事人中的任何一方当事人，既可以是被告，也可以是原告；而诉讼请求的自认则只能由被告针对提出诉讼请求的原告作出。第二，内容不同。诉讼上的自认是一方当事人对对方当事人提出的于己不利的事实的承认，不涉及对诉讼请求的承认；诉讼请求的自认则是被告对原告所提诉讼请求的承认。第三，效果不同。诉讼上的自认的效果仅为免除对方当事人对自认事实的证明责任，并不必然导致自认人败诉结果的发生和诉讼程序的终结；而诉讼请求的自认则必然导致被告败诉结果的发生和诉讼程序的终结。

诉讼上的自认制度的理论基础是民事诉讼中的辩论主义，强调当事人双方对事实资料形成的主导权。自认虽然对双方当事人及受诉法院均产生一定的法律效果或拘束力，但自认并非适用于民事诉讼中的所有领域。鉴于某些案件的特殊性和自认作为证明方式的局限性，各国证据法均对自认的适用范围进行了必要的限制：第一，自认不适用于身份关系的诉讼。由于身份关系诉讼涉及身份关系的确定，与社会公益有关，故不允许当事人对身份关系予以处分，又由于身份关系诉讼的裁判结果攸关当事人以外的人的利益，故特别强调裁判结果的真实性。因此，在身份关系诉讼中，不允许当事人对事实资料作任意处分，也即不承认自认规则的适用。一方当事人即便向法院表示对方当事人所主张的某一事实为真实，法院亦不受其约束，仍应根据调查结果作出事实认定，纵使最后认定之结果与当事人所作的承认相一致。所以在身份关系的案件中不能承认自认的效力。如《德国民事诉讼法》第617条规定，关于审判上自认的规定，不适用于家庭事件程序；《日本人事诉讼法》第19条规定，关于审判上自认的法则，不适用于婚姻案件。第二，调解过程中当事人为达成调解所作的让步不能视为自认。当事人以达成调解为目的作出的让步不能视为自认，不发生自认的法律效果。调解不成继续进行诉讼时，法院对案件事实的认定不能以当事人在调解过程中所作的让步为基础，法院也不能将当事人的让步视为默示自认或诉讼外的自认。第三，应由法院依职权调查的事项不适用自认。对于法律规定的法院应依职权调查的事项，即使当事人不表示异议，法院也应根据证据调查结果确信其是否真实并以此为基础进行认定，不能以当事人无异议为依据作出事实认定。如《民事证据规定》第15条即规定，当某一事实可能有损国家利益、社会公共利益或者他人合法权益或属于程序性事项时，法院应当依职权调查相关证据，在查明事实真相的基础上作出裁判，而不论当事人对该事实是否作出承认的表示。

诉讼上自认的事实的特点：第一，诉讼上的自认必须由当事人在案件审理过程中向法官进行。具体来讲，当事人作出自认必须在审前准备阶段或言词辩论阶段向法官进行。当事人于审判外作出自认的事实，比如在准备书状等过程中的自认不构成民事证据中的自认。第二，诉讼上的自认的适用对象是案件的法律要件事实。自认的对象仅限于具体的事实，而经验法则和法律规范均不构成自认的对象。因此，在诉讼中双方当事人如果对能推论主要事实存在的间接事实无争执，不成立自认，在法院对该间接事实不能确信其存在的情形下，仍然需要负证明责任的当事人提供证据证明。并且双方当事人对间接事实的自认不影响法院依自由心证以其他间接事实为基础对主要事实的存在与否作出认定。之所以不承认对间接事实自认的效力，是因为双方当事人之间存在主要事实的争执，法院应依自由心证来对主要事实的存在与否作出认定，若肯定对间接事实自认的效果，则法院可能出现根据该被自认的间接事实为前提去推论主要事实是否存在，这显然是违背自由心证主义的。第三，诉讼上的自认的事实是对于自认当事人不利的事实。从一般意义上讲，所谓"不利"是指该事实往往由自认当事人的对方当事人承担证明责任。另一种观点则认为对己不利是指法院若对该事实作出认定通常即意味着作出自认的当事人会遭受全部或部分败诉的不利后果。当然，由于自认制度是基于辩论主义而产生，故一方当事人对于辩论主义规制外的法院应依职权调查的事实所作之承认，概不成立自认，无论该事实是对其有利还是不利皆是如此。第四，诉讼上的自认从内容上看表现为双方当事人对某一事实为一致的陈述。双方当事人对于某一主要事实是否存在向法院所作之陈述一致时，即构成自认，至于作出自认的当事人在言词辩论中如何表达自认的意思则在所不问，也即无须强调当事人于作出自认时一定要使用诸如"自认""已经自认"等具有显明自认特征的话语。此外，由于自认是当事人实施的以法院为相对人的诉讼行为，故成立自认无须以对方当事人的同意为必要。第五，诉讼上的自认具有免除对方当事人关于自认事实的证明责任的效果。具体而言：其一，自认的事实毋庸当事人举证证明，从而不属于法院证据调查的对象；其二，当事人于作出自认后，不得主张与自认事实相反的事实，亦不得随意撤销或变更所作之自认。一般认为，当事人所作的违反普遍承认的经验法则或公知事实的自认不具有作为免证事实的效力。此外，由于自认的对象仅限于作为当事人主张的陈述，因此一方当事人在受法院询问之际对对方当事人所陈述的事实的承认不构成自认。

（二）诉讼上自认的事实的种类

（1）根据当事人作出自认场合的不同，可分为诉讼中的自认和诉讼外的自认。诉讼中的自认是指当事人在法院审理案件过程中所作的承认。它是一方当事人在对陈述不利于自己的事实和提出正式诉讼请求后明确表示对方陈述的事实系真实的或其请求是合理的。诉讼外的自认是指当事人在审判外对不利于己的事实或对对方的请求所作出的承认，如在来往书信、微信、微博、短信、电子邮件、聊天记录中或在谈话时所作的自认。诉讼外的自认在对方当事人在诉讼中提出时也可以作为证据予以审查。

（3）根据当事人自认的范围不同，可分为当事人完全的自认和当事人部分的自认。当事人完全的自认是指当事人全部承认对方当事人主张的事实和诉讼请求，不附加任何条件。当事人部分自认是指当事人只承认对方当事人陈述的部分案件事实和部分诉讼请求，或者在承认的同时附加条件。这种自认仅对其承认的部分产生效力。在诉讼中，一方当事人对对方当事人所主张的于己不利的事实，完全无条件地向法院表示其为真实，即为完全自认。在有些场合，当事人所作的关于某事实的陈述有可能包含两部分，其中一部分与对方当事人的陈述相一致，另一部分则与当事人的陈述不一致。此种情形下，法院必须要探明当事人所作之陈述哪一部分内容具有对作为判决基础的事实予以认可的意思，进而确定其成立自认。一方当事人对于对方当事人所主张的不利于己的事实，在附加了条件或限制的情形下作出承认的表示，此虽亦成立自认，但此种自认在结果上仅为当事人双方主张的事实部分一致，故称为限制自认。

（3）根据当事人自认法律拘束力的不同，可分为具有法律拘束力的当事人自认和没有法律拘束力的当事人自认。具有法律拘束力的当事人自认可以免除对方当事人的证明责任，甚至能使对方当事人因此而胜诉，但是必须具备相应的法定条件；反之，不具备法定条件的当事人自认则没有这种法律效力。在民事诉讼中，当事人在起诉状、答辩状、法庭陈述及其委托代理人的代理词中承认的对己不利的事实和认可的证据，法院应当予以确认，但当事人反悔并有相反证据足以推翻的除外。

（4）根据当事人是否明示为标准，可分为明示的当事人自认和默示的当事人自认。明示的当事人自认是指当事人在诉状中或在法庭上以书面或口头形式明确表示的承认。默示的当事人自认是指当事人在诉讼中对对方主张的事实不争议，可以推定为默认。在我国，具有法律效力的当事人自认应是明示的当事人自认。默示的当事人自认并不产生免除对方当事人的证明责任的法律效果。法院对于默示自认，一般通过要求当事人明确表态来确认，但经过法庭释明仍不作明示的，也可推定为承认。在民事诉讼中，对一方当事人陈述的事实，另一方当事人既未表示承认也未否认，经法庭充分说明并询问后，其仍不明确表示肯定或者否定的，视为对该项事实的承认。默示的推定承认不适用对诉讼请求的承认。

（5）根据自认主体的不同，可分为当事人本人的自认和代理人的自认。当事人本人的自认是指当事人及其法定代理人所作的自认。代理人的自认是指诉讼代理人代当事人所为的自认。世界上的主要国家对代理人的自认一般在立法上作出明确规定。确定代理人在诉讼上的自认视为被代理的当事人本人在诉讼上的自认。当事人委托代理人参加诉讼的代理人的承认视为当事人的承认。但未经特别授权的代理人对事实的承认直接导致承认对方诉讼请求的除外。当事人在场但对代理人的承认不作否定表示的，视为当事人的承认。当事人一旦在法庭上或诉讼中对对方主张的不利于己之事实作出自认，基于诚实信用原则之规制，没有例外情况，即不允许再主张与该事实内容相反或矛盾的事实，亦不允许撤销其先前所作之自认，以避免案件审理的混乱和迟延。如果对对方当事人主张不利于己方的事实向法院承认其为真实的表示并非由当事人本人作出，而是由其诉讼代理人作出的，即为诉讼代理人的自认。诉讼代理人在诉讼中并非当事人的代言人，其虽在代理权限内能独立为意思表示，并且由当事人承担其所为诉讼行为的法律后果，但相比于诉讼代理人，当事人无疑更了解事实真相，故当事人理应享有事实资料形成的最终决定权。因此，当诉讼代理人在言词辩论时对对方当事人所主张的事实为自认时，当事人有权在法庭辩论终结前撤销代理人所作的自认，使之归于无效。《民事证据规定》第8条第3款亦有类似的规定：当事人委托代理人参加诉讼的，代理人的承认视为当事人的承认。但未经特别授权的代理人对事实的承认直接导致承认对方诉讼请求的除外；当事人在场但对其代理人的承认不作否认表示的，视为当事人的承认。

（三）诉讼上的自认的效力

诉讼上的自认一经成立即会产生一定的法律效果，具体表现在：免除了对方当事人关于自认事实的证明责任，也即对方当事人对于自认的事实毋庸提出证据证明其为真实。如果是全部自认，则全部免除对方当事人关于该事实的证明责任；如果是部分自认，则证明责任的免除仅限于自认的部分，其余部分则仍应由对方当事人负证明责任。也就是说当事人作出自认后，法院可以并且必须直接将当事人自认的法律要件事实作为裁判基础，无须也不能再另行调查其是否真实。法院即便在所为的证据调查过程中确信自认的事实不真实，也不得作出与自认事实内容相反的认定。这是因为自认对法院在事实判断上的拘束力并非来源于该事实的真实性，而是缘于辩论主义民事诉讼运作模式下双方当事人对法律要件事实所享有的自主形成权。当事人在第一审程序中对某一事实所作的自认，不仅拘束第一审法院，对上诉审法院也具有拘束力，第二审法院亦须以第一审中当事人自认的事实为基础作出裁判。此外自认人在作出自认后，基于诚实信用原则或禁反言的规制，其不得于随后的诉讼阶段提出与自认的事实相矛盾的事实主张，也不得随意撤销先前所作之自认。在必要的共同诉讼中，部分共同诉讼人所作的自认只有经全体共同诉讼人认可后，才能对未作出自认的其他共同诉讼人发生效力。在普通共同诉讼中，部分共同诉讼人所作的自认对其他的共同诉讼人不产生约束力。

应当注意，当事人所提的诉讼请求对自认的效力具有牵制性。在同一个诉讼程序中存在数个诉讼请求的情况下，作为共同基础事实的主张，若就某个请求而言是有利的主张，而对于其他请求而言是不利的主张时，对该事实提出主张的当事人不能仅在对其有利的请求中主张该事实，而在对其不利的请求中对该事实不予主张。如果一方当事人主张了某一事实，而对方当事人又认可了这种主张，那么在对其不利的请求中也成立自认。拟制自认对当事人无绝对的约束力：拟制自认的事实作为免证事实对法院具有约束力，这一点与明示的自认相同，但其对当事人却无绝对的约束力。因此，被暂时拟制对某一事实作出自认的当事人于言词辩论终结前，可以随时对该不争执的事实进行争执而使拟制的自认之效力不复存在。并且，于第一审程序中成立的拟制自认，当事人于第二审程序中仍然可以对于拟制自认的事实进行争执从而消解第一审程序中拟制自认的效力。

诉讼上的自认的撤回：根据诉讼中的诚实信用原则，当事人在诉讼中实施一定的诉讼行为后，没有正当的理由不得再实施否定前一行为或与前一行为相矛盾的诉讼行为。诉讼上的自认一经作出，即具有免除当事人关于自认事实的证明责任和拘束法院的效力，如果允许当事人随意撤回自认，势必会给法院的审判造成混乱，对诉讼效果也会造成消极的影响。因此，只有在特殊的情况下，才能允许作出承认的当事人撤回自认。我国《民事证据规定》第8条第4款规定，具有下列情形之一的，作出自认的当事人可以申请撤回自认：其一，当事人在法庭辩论终结前撤回自认并经对方当事人同意的；其二，有充分证据证明其自认行为是在受胁迫或者重大误解情况下作出且与事实不符的。

二、自然规律及定理

自然规律是指存在于自然界的客观事物内部的规律；定理指的是已经证明具有正确性，可以作为原则或规律的命题或公式。严格讲来，自然规律及定理并非纯粹法学术语。从内涵上讲，无论是自然规律还是定理，均是人们从生活行为经验中获得的关于事物间因果关系或性质状态的知识或法则。从外延上讲，自然规律及定理为经验法则的一部分。就内容而言，包括一切以自然科学的方法检验或观察自然现象归纳之自然法则，支配人类思考作用的伦理法则、数学上原理、社会生活道义、伦理及惯例、交易上习惯，以及有关学术、艺术、技术、商业及工业等一切生活活动的一切法则。由于自然规律及定理已经被无数的生活经验和无数的科学研究验证，因此其真实性无须证明。

三、众所周知的事实

众所周知的事实指在一定范围内，被大多数人认为是客观真实的事实，比如某地发生地震这一客观事实为众所周知的事实。

在办案中，案件涉及这类事实，虽是证明对象，但免除当事人的证明责任。

众所周知事实之所以无须由当事人举证证明，是其本身固有的显著性与客观真实性使然，故将其定为免证事实。但是什么是众所周知的事实弹性很大。一般而言，事实的众所周知性对所有法院来说是没有固定范围的，而是对每个法院都可能不同，时间上也会有所交叉。此外，法院虽然知悉某事实，但对其是否已达众所周知的程度存在疑问时，当事人有证明其属于众所周知的必要。某一项事实作为众所周知事实必须是诉讼发生时，该事实为社会上一般成员所知晓。故某一事实若仅为具有特定职业、地位的人所知悉，而非一般人所知晓，即不属于众所周知事实的范围。全国范围内一般成员所知晓的事实固然是众所周知事实，受诉法院辖区内多数人所周知的事实也应被理解为众所周知事实。通说认为，法院判断某事实具有众所周知性的逻辑与理由，应当要达到能被普通人大致认可的程度，否则法院的上述判断不能说是正确的事实认定。在独任制审判方式下，因只有一名法官进行审判，该事实自然需该独任法官知晓；在合议制审判方式下，通说认为只需合议庭多数法官知悉即可，而不必要求合议庭所有成员均对该事实有所知晓。因为合议庭成员受教育程度及生活经验不尽相同，若某一事实因少数法官不知而认定其为非众所周知事实，则必然大大增加当事人的举证负担，同时也与合议庭多数决议的原则相违背。至于第二审法院对于第一审法院认定的众所周知事实的审查自然也应以其是否为第一审法院管辖区域内一般社会成员所周知为判断标准，而不得以第二审法院管辖区域内社会成员是否知悉为确认依据。

四、推定的事实

（一）推定的事实的概念

推定的事实是指根据法律规定或者已知事实和日常生活经验法则能推定出另一事实的事实，被推定的事实，作为证明对象不需加以证明。《民事证据规定》第9条规定：根据法律规定或者已知事实和日常生活经验法则，能推定出的另一事实为当事人无须举证的法定情形之一。

推定不同于认定：从字面含义上看，认定是指确定地认为，而推定仅仅是估计，尽管这种估计有很高的准确性。不过在法律领域，推定通常是帮助认定形成的手段，法官对案件事实的认定过程中会经常使用到推定这一方法。认定的根据是证据，而推定的根据是经验法则或法律本身，在直接经由证据证明案件事实无法达到目的的情形下，推定便成为一种可供选择的途径。如果法律上承认证明的标准可以降低，则推定的结论可以作为最终认定的结论；如果法律上不允许降低证明标准，则须排除推定的结论，法官须从否定的角度，也即从反面对事实作出认定。

推定不同于假定：所谓假定，是指对过去没有、现在也不存在的某种事实进行猜测的一种思维形式，有姑且认定、假设之意。假定是不需要任何前提条件的假设，因而不具有任何法律效力，法院应当绝对避免借助假定处理案件。而推定则是法律允许的认定案件事实的一种特殊规则，只要在法律规定的条件和范围内，就能产生一定的法律后果。推定只有经反证才能被推翻，而假定必须以证据证明才能被认为是真实的。

推定不同于推论：推论与推定都属于逻辑推理的范畴，并且都须具备一定的前提事实作为推断的基础和依据。但与推定相比，推论是一个内涵更为广泛的概念，是一种从已有判断推出新判断的思维形式。推论所得出的结果并非唯一，依据某一已知事实，往往可以推论出多种不同的结果。虽然推论结果中的某一推断事实可能符合客观真实，但由于结果的不确定性和多样性，法官不能直接以推论所得的事实作为裁判依据，必须以其他证据对推论结果加以佐证，从而筛选出正确结论。若推定所得结果是唯一的，除非有反证加以推翻，否则即被认定为真实，可作为裁判依据。可见，就推论而言，尽管可由多个基础事实推论出一种结果事实，但如由一种基础事实可能推论出数种结果事实时，即不得适用。

推定可分为法律推定和事实推定。法律推定是指立法者根据事实之间的常态联系，以法律形式规定某一事实存在，则推定另一事实存在。在法律推定中，原本需要当事人对难以证明的推定事实或所推定的权利之发生原因事实进行证明，借助于法律推定，当事人对前者之证明就转化为当事人对易于证明的前提事实予以证明。事实推定又称为诉讼上的推定、司法推定或逻辑推定，是指法院依已确定的事实，根据经验法则依自由心证而推认其他有争执的事实，当事人无须就该证事实举证。法院根据经验法则，从已知事实出发推定待证事实的真伪。法律推定是事实推定的法律化，事实推定往往是法律推定规范生成的基础，当然事实推定能否上升为法律推定规范，取决于立法者对某一类推定在司法实践中适用频率的预见程度，以及对司法者的信任程度。

推定的目的是确定两个事实之间的逻辑关系。这两个事实中，一个为基础事实，另一个为推定事实，两者缺一不可。缺少基础事实的推定属于直接认定，缺少推定事实的推定则是法定证据法则，两者均非真正的推定。基础事实与推定事实之间的常态关系是进行逻辑推理过程的大前提，缺少其中之一，就无法进行推理，也就不存在推定。作为推定的起点和开始，基础事实决定了推定的最终结果。因此为了保证推定事实的客观可靠，必须确保基础事实的真实性。作为推定根据的基础事实，除了当事人自认的事实、众所周知的事实和司法认知的事实可由法院直接进行认定外，均应由主张该事实的当事人对其真实性举证证明。

（二）推定的作用

推定作为一项重要的证据法则，其主要有以下几方面的作用：在诉讼实践中，某些案件事实属于争论焦点，对案件审理结果有重大影响，但对其调查举证却十分困难。调查这类案件事实不仅花费巨大，而且往往也不易查清。在此种情形下，通过运用推定来认定案件事实，可避免诉讼陷入僵局，缓解当事人举证及法院调查证据的困难。当然，是否利用推定的决定权在当事人，当事人也可以选择对难以证明的推定事实进行证明。推定规则的适用可以合理分配当事人的证明责任。查明案件事实离不开证据，但在特殊情况下，有关案件事实的直接证据难以获得，此时当事人可以利用的只有间接证据，允许当事人以推定方式从间接证据出发证明案件事实，可以避免当事人碍于客观原因举证不能而招致不公平的败诉结果。推定是一个证明责任规则。当然适用推定法则时，应给予对方当事人提出反证推翻推定的机会，从而进一步平衡双方当事人关于证明责任之分配，推进案件审理的进程。发现或最大限度地接近案件的客观真实，无疑是案件审理最理想的境界，但达此目标有时会耗费大量的司法资源和诉讼成本。审判实践还证明，有些案件所依赖的证据由于各种主客观的原因，甚至可能处于永远都不能获取的状态。法官倘若因此而拒绝或延迟作出裁判，则既不符合创设诉讼制度的宗旨，又不能消解实体法律关系悬而不决的状态，难以达到息诉的目的。从诉讼的结果看，推定事实往往与事实真相相符，具有较高的盖然性。因此，从维护诉讼秩序和实体法律关系稳定的角度出发，以推定的方式确定某种实体法律关系的存在或不存在，为摆脱因证据难以获取而导致的裁判困境提供了较好的解决方式。推定常常被用来表达立法者所倡导的某种价值取向，或促进实施立法者提出的某项社会政策。如在大陆法系国家和地区的民事立法上，多有推定长期占有不动产的人享有所有权的规定，其目的即是维护社会经济秩序的稳定性和保持所有权关系的有序性。再如关于婚姻关系存续期间所出生的子女是婚生子女的推定，除符合婚姻关系存续时出生的子女依常理应为婚生子女这一优势盖然性标准外，还表达了立法者希望减少和消除非婚生子女的意图，体现了国家促进婚姻关系稳定、家庭协调发展的社会目标。

在司法实践中通过推定而认定的事实和得出的结论与案件真实之间仍然存在一定的距离。推定尽管是根据事物间的常态联系或生活中的经验规则所作出的，但它仍然具有相对性和不确定性，在反映客观真实的程度上，只能达到盖然性标准，尚不能达到排除一切合理怀疑从而达到绝对确信的程度。同时，这种盖然性的大小还受到案情、法官素质、前提事实的真实程度以及特定事物之间包含在常态联系内部的必然性与偶然性之间的相互关系的稳定程度等诸多因素的影响。所以，在适用推定规则时一定要慎之又慎。这就要求关于推定的制度设计须更为周全：法官在适用推定规则认定事实时对推定不应滥用，盖然性不高的推定规则尽量不予适用；在适用推定时，应尽量赋予对方当事人较多的反驳的机会，在其无相反证据推翻的情况下始确认推定的事实存在。

五、预决的事实

预决的事实是指人民法院先前做出的生效判决、裁定和调解书中所认定的事实，对正在进行的民事诉讼有预决的意义。预决事实可视为是经过法定程序审查属实的事实。因此，为提高办案效率，对预决事实是没有必要再加以证明的。但是笔者认为《民诉法司法解释》与《民事证据规定》均将生效裁判所确认的事实作为免证事实予以规范，这是有悖免证事实本质属性的。一方面，从逻辑上讲，生效裁判所确认的事实实际上是生效裁判文书所载明的事实，也即该事实以生效裁判文书为其载体，故该事实就其本质而言仍为证据资料，并以生效裁判文书为其证据方法。而免证事实从本质上讲，乃无须通过证据调查即可由受诉法院确认的事实，该事实的认定与受诉法院的证据调查活动无关。因此，将生效裁判所确认的事实作为免证事实在逻辑上显然难以立足。另一方面，即便认为现行司法解释将生效裁判所确认的事实作为免证事实，蕴含直接赋予生效裁判文书具有实质证据力的考虑也不能成立，其不仅与现行立法的精神相违背，也与证据法理论不相契合。依《民事诉讼法》第67条第2款"人民法院对有关单位和个人提出的证明文书，应当辨别真伪，审查确定其效力"之规定可以得知，在我国，无论是公文书，还是私文书，均不当然具有实质的证据力。是否具有证据效力需要受诉法院在双方当事人言词辩论的基础上加以判断。而在证据法理论上，如前所述，公文书与私文书的区别主要表现在形式证据力的认定这一层面。如果为私文书，应由举证人证明其为真实，并且若私文书经本人或其代理人签名、盖章或按指印推定其为真实；若为公文书，法律直接推定其具有形式证据力，法官无自由心证的余地。至于实质证据力，不论公文书还是私文书均需要法官依自由心证予以判断，公文书绝无当然具有实质证据力的道理。无论该公文书为法院的刑事裁判书还是民事裁判书均是如此。可见《民事证据规定》将生效裁判书所确认的事实确定为免证事实，也即直接赋予生效裁判文书以实质证据力，无异于剥夺了受诉法院对该特殊书证内容的自由判断，妨碍了法官对案件事实心证的形成，对当事人不甚公平。至于在制作程序的保障上远较裁判书为弱的仲裁裁决书以及公证文书更不应赋予其实质证据力，因此，《民事证据规定》将生效仲裁裁决所确认的事实及公证文书所证明的事实作为免证事实的不妥当之处更是明显。

六、公证证明的事实

公证证明是指国家公证机构按照法定程序，运用所掌握的证据，证明已经存在的或正在发生的法律行为、有法律意义的文书和事实的真实性、合法性而依法出具的公证文书。公证证明的事实是指由公证机关证明的法律行为、法律文书和法律事实。公证证明的事实必须按照法定的程序进行，否则不具有公证的效力；公证机构不仅要证明待证事项的真实性，而且要证明待证事项的合法性；公证证明具有特殊的法律效力，并且为国际社会普遍接受和承认，是国际上通行的法律文书。公证明还具有公正性、权威性、确定性、可靠性、通用性等特征，这是其他机关、团体、组织或个人的证明无法比拟的。因此，公证证明可以不经审查，直接作为认定事实的根据。正是由于公证证明具有以上优点，所以它得到了越来越广泛的运用。但是，有相反的证据足以推翻公证证明的除外。

在以上免证的事实中，当事人在一般情况下虽然无须提供证据证明，但在对方当事人有相反证据足以推翻的除外。

第十章 证明责任

一、证明责任的基本理论

(一) 证明责任的概念和特点

证明责任，又称客观的证明责任、确定责任、实质上的证明责任，是指案件审理终结时若事实仍处于真伪不明状态，由提出事实主张的当事人承担不利后果的责任。证明责任的概念问题，法学界在不同的诉讼模式下有不同的称谓。英美法系以美国为例，证明责任一词具有双重含义：一是指当事人向法庭提供足够的证据，以使案件交付事实裁判者进行事实认定的责任；二是指当事人对交付事实裁判者进行事实认定的案件，在审判程序的最后阶段，因事实真伪不明而承担诉讼不利益的责任。大陆法系以德国为例，证明责任分为客观的证明责任和主观的证明责任。客观的证明责任是确定在案件事实真伪不明时承担不利诉讼后果的一方当事人的证据规则，主观的证明责任是提供证据的责任。当事人不仅应当提出诉讼主张，而且要提供证据证明。我国台湾学者认为证明责任包括三层含义：一是指当事人对所主张的事实提供证据；二是指当事人所提供证据证明其主张真实；三是当事人对其主张不能提供证据时，则可能承受不利的裁判。

证明责任的特点：

第一，证明责任规则只有在法官自由心证用尽的情况下才可以被适用。当事人就其主张的事实，未申明证据或未充分举证时，不能立即以其未尽证明责任认定其主张之事实为由，将其不利益归该当事人，而应向该当事人行使阐明权，令其举证。当然，事实真伪不明在两大法系的表现形态有所不同。在大陆法系，对当事人主张的事实处于真伪不明状态的界定较为宽泛，可用"面"喻之，只要在该范围内法官均可依据证明责任进行裁判；而在英美法系，对事实真伪不明状态的界定则相对较窄，可用"点"喻之，法官只能在该确定标准下适用证明责任规范进行裁判。

第二，证明责任在"案件事实真伪不明"时发挥作用。因事实是否真伪不明只有在审理完结时才能表现出来，故在诉讼开始或进行中，不会发生证明责任的适用问题。证明责任规范不是关于事实已获得证明时法院如何处置规范，而是关于事实未获得证明或事实处于真伪不明的状态下如何裁判的规范，在诉讼开始或诉讼进行中，证明责任作为一种裁判规范都不会发生作用，因为事实是否真伪不明于此时并不清楚，其只有在审理完结之时才会显现出来。

第三，证明责任表现为成文法中抽象的规范，在诉讼发生之前已在一般意义上存在，不会因具体诉讼的不同而存在差异。易言之，证明责任规范是对事实真伪不明的风险分配，即对事实状态不可解释性的风险进行的分配，这种抽象的风险分配在每一个诉讼开始之前就已经存在，就像实体法的请求权规范一样。例如《民法通则》第117条规定，受害人因侵害人的行为遭受重大损失的，侵害人应当赔偿损失。据此，在具体侵权损害赔偿案件中，当原告请求法院判令被告赔偿损失时，应就侵权行为的存在、损害结果的存在和两者之间的因果关系负担主张及证明责任。这三项事实属于民事实体法所规定的法律构成要件事实，相对于原告所提出的权利主张而言，其属于引起相关法律效果的待证事实。这类待证事实作为有关当事人负担的证明责任而言，仅具有抽象意义，与双方当事人具体的提供证据的责任无关。当然，证明责任作为一种承担责任的潜在的可能性，只有在诉讼终结前待证事实仍处于真伪不明的状态时才会转化为发生现实的效果；如果法院于言词辩论结束时就该待证事实已获得确信（肯定或否定），潜在的证明责任规范就不会产生现实的法律效果。

第四，某一事实真伪不明的不利后果只能由一方当事人承受，也即证明责任只能由一方当事人承担。证明责任的分配取决于民事实体法，并不随原告和被告地位的变动而发生更易。一旦民事实体法确定某一法律要件事实由哪一方当事人承担证明责任后，除了法律上的推定以及证明责任转换之外，证明责任的承担在整个诉讼过程中始终固定维系于此当事人，在该事实得到证明为法院确信之前，作为一种潜在的风险其始终由该当事人承受，并不会随举证活动的推进而转移给对方当事人。此外，负证明责任的当事人于事实真伪不明时所承受的裁判上的不利益乃客观结果上的不利益，并不考虑其陷于真伪不明是否因当事人主观上未尽其提出证据之义务或其他可归责之原因所致。须注意的是，即便是同样性质的事实，在不同的法律规范中，其也可能被作为引起不同法律后果的要件事实构成，进而导致对该事实承担证明责任的当事人不同。

第五，证明责任作为裁判规范，仅规制主要事实存在与否和真伪不明，不适用于间接事实和辅助事实。间接事实和辅助事实只是认定主要事实的手段，从某种意义上讲与案件的证据处于同一地位。从表面上看，有时候确实存在因间接事实或辅助事实真伪不明而导致一方当事人承担证明责任的情形，但究其实质，仍因间接事实或辅助事实的真伪不明导致主要事实的真伪不明，进而导致当事人承担证明责任，也即主要事实的真伪不明吸收了间接事实和辅助事实的真伪不明。对于某一间接事实或辅助事实的存在与否难以确认时，法官只需通过其他的间接事实、辅助事实或者综合考虑言词辩论的全部意旨对主要事实的存在与否作出认定即可。

第六，证明责任不仅适用于采取辩论主义运作样式的诉讼程序，也适用于采取职权探知主义运作样式的诉讼程序。不论采取何种诉讼运作样式，在民事诉讼中，待证事实于言词辩论终结时仍然真伪不明的情形总是不能避免，此种场合，法官必须作出将该不利益归属于一方当事人的判决，否则即有违法院不得拒绝裁判之本旨。此外，证明责任亦非自由心证主义证据制度独有的概念，在法定证据主义制度中，证明责任也有其存在或发挥作用的空间。只不过在采用自由心证主义的现代民事诉讼中，法官较容易形成心证，作为只有在法官穷尽自由心证后才发挥作用的裁判规范，证明责任规范之适用相对而言比较少而已。

证明责任在民事诉讼实践中具有十分重要的作用。首先，证明责任为当事人展开攻击或防御提供了方向。其次，在案件事实处于真伪不明状态时，证明责任为法院及时裁判案件提供了依据，从而避免产生案件因真伪不明而无法裁判或者久拖不决的现象。

（二）证明责任的性质

证明责任是一种诉讼负担，是当事人于未能提供充分证据证明要件事实的情形下将遭受不利后果的负担。证明责任的存在乃当事人实施证据提出行为的动因，法官若可以依当事人提供的证据对法律要件事实作出认定，当事人即可以摆脱证明责任的负担；反之，法官若不能依据当事人提供的证据对法律要件事实形成心证，当事人就不能解除该负担。

民事诉讼中，事实认定与法律适用构成了法官裁判的两大基础。"法官知法"乃是一项基本的价值预设，职业法官通晓法律规范自无待多言，故法律适用问题一般与当事人无关，但对于事实认定问题却无法作出这样的预设。事实认定作为法律适用的前提往往成为决定裁判结果的关键和争议的焦点之所在。司法裁判中的事实作为法官在裁判中的认知对象，根据被法官认知的最终结果，在逻辑上可分为"真""假"和"真伪不明"三种状态。如果作为推理小前提的要件事实真伪不明，推理就不能进行。但不能否认的是，受人类认识能力及诉讼制度的双重制约，要件事实真伪不明的状态永远不可能被完全排除。事实真伪不明是对司法裁判的一个挑战，因为其意味着从理论上来讲由该事实引起的法律后果是否发生也处于真伪不明的状态。其结果是法官将陷入既不应该判决适用该条法律，也不应该判决不适用该条法律的窘境。但基于自然公正的理念，纠纷的解决作为民事诉讼的主要甚至唯一目的是必须要达成的，有纠纷就必须予以解决，司法机关不得以任何理由拒绝作出裁判。为克服事实真伪不明状态对诉讼造成的消极影响，实践中曾出现过两种做法：第一，强制自由心证。这种方法要求法官依据自由心证强制性地认定事实，并辅之以当事人宣誓作为保障。显然，强制法官自由心证无疑忽视了自由心证的本质，对法官的认知能力提出了过高的要求，极大地损害了法官判决的可信度和说服力。第二，作出驳回起诉的判决。这种方法要求于事实真伪不明时，法官必须作出驳回原告起诉的判决。这种判决之作出从形式上看是解决了纷争，但由于驳回起诉的理由只是法官对原告事实主张不能形成心证，并不意味着原告所主张的事实依据之反面是成立的，故不可能在双方当事人之间产生实质既判力，其不能阻止当事人以同样的理由另行起诉，进而难以使纠纷得到真正解决。可见在事实真伪不明状态下，试图不借助辅助手段予以克服是不可能成功的。因此，学界逐渐提出应当借助一定的工具来解决真伪不明时的裁判方法论问题，这种辅助手段就是证明责任规范。这种规范不是纯粹的证明责任分配规范，而是一种具有一般意义的基本规则，一种共同的克服真伪不明的法律适用规范。法律适用不是一个真与假的事实判断问题，而是一个合理与否的价值判断问题。事实真假不明并不意味着对法律适用也真假不明。证明责任规范的本质即在于，对于事实真伪不明进行一种法律上的普遍性的、理性的拟制。对于真相的无法查明，最合适的做法是依据能够被普遍接受或认可的规则进行判决，这是人们在不断完善认知手段仍无法完全发现事实真相的情形下所采取的一种克服有限理性的制度性保障措施。证明责任规范意义在于为法官提供将不利益的诉讼后果判决给某一当事人承担的法律依据，从而证明在事实真伪不明情况下，法官并不是任意地将由此而生之不利后果施加给一方当事人。

当然，依证明责任规范作出的裁判毕竟是建立在事实并未查清基础之上的，这与诉讼须查清事实的理想状态相去甚远，从而可能存在有理的当事人反而输掉诉讼的危险，但这无损于证明责任规范在事实认定中所起的积极作用。依证明责任裁判是对本身即存在错误风险的法官自由心证的补充，其可能存在的事实认定错误的风险是为使裁判在事实真伪不明时仍为可能所必须付出的代价。同时，从证明责任分配的角度考虑，法律在对证明责任进行分配时绝不是任意的，而是充分考虑了影响案件真实发现的诸多因素，因此依据证明责任作出的判决从大体上讲是与案件事实的真相相符的。证明责任规范非但没有因为其在适用上具有一定的或然性而降低判决的可预见性和确定性，相反，其经由形式理性克服了事实真伪不明这一不确定状态并帮助法官作出判决，从而尽可能地保证了裁判结果的可预见性。

二、证明责任与举证责任的区别

举证责任是当事人举证的行为责任，即当事人为了说服法官而提供证据证明自己主张的事实的责任。我国证据法理论上一直无"证明责任"之术语，仅有"举证责任"这一提法。"举证责任"这一术语最初引入我国时指的是提供证据的责任，并不包含证明责任的意思。《民事诉讼法（试行）》第 56 条"当事人对自己提出的主张，有责任提供证据"的规定从立法层面承袭了这一认识，其并为 1991 年颁布的《民事诉讼法》第 64 条第 1 款完全继承。可以说，在 20 世纪 90 年代中后期之前，证明责任在我国并未获得实质意义。随着 20 世纪 90 年代中后期对证明责任研究的不断深入，我国证据法学界开始认识到以往对举证责任认识的局限性和片面性，逐渐将结果意义上即真正意义上的证明责任引入我国证据领域。实际上，举证责任的内涵和外延没有包括民事诉讼中当事人应当承担的证明责任的内容，因此在最高人民法院的《民诉法解释》中将当事人的证明责任这一概念替代了举证责任的概念。事实上，证明责任的概念与传统的举证责任的概念是有区别的：首先，证明责任是一种后果责任，起诉之前已经在当事人之间进行了分配，只有到审理终结时才发挥作用；举证责任是一种行为责任，它不能事先分配，而是随着当事人在诉讼过程中提出主张而在双方当事人之间不断转换，是在诉讼过程中发挥作用的。其次，证明责任是一种风险负担，而举证责任是一种说服法官的责任。再次，承担证明责任其实就是承担不利的裁判后果，承担举证责任的后果则是自己主张的事实未被认定。

三、证明责任的分配

（一）证明责任分配的概念

所谓证明责任的分配是指按照一定的规范或标准，将承担诉讼案件事实真伪不明的不利后果的风险在双方当事人之间进行安排。证明责任的核心问题在于证明责任的分配，而证明责任分配的关键问题则是应当按照什么样的标准来进行分配，如何分配才能既符合公平和正义的要求，又能使诉讼高效率地进行。证明责任分配和证明责任分配标准是两个内容不同的概念，前者是指法官在裁判依据的事实处于真伪不明时，依据证明责任规范将不利益的诉讼后果裁判给一方当事人承担；后者则是指法官或立法者将不利益的后果分配给当事人一方承担所基于的具体理由。证明责任从本质上讲属于事实真伪不明时，法官因不得拒绝裁判而对事实作出认定的裁判规范，故如果仅让一方当事人对所有的案件事实负担证明责任显然有悖于当事人诉讼地位的平等和程序的公正。因此，有必要将证明责任在双方当事人之间进行分配。

（二）证明责任分配的学说

由于证明责任的分配问题关系到当事人的诉讼利益是否能够得到保障，因此历来法学界们非常重视对这一问题的认识。学者根据不同认知，确立了关于证明责任分配原则的不同学说。概括起来讲，主要有以下几种代表性的学说。

1. 法律要件分类说

法律要件分类说系根据实体法规定的法律要件事实的不同类别分配证明责任。法律要件分类说主流观点是罗森贝克的规范说。罗森贝克认为各当事人应就其有利的规范要件为主张及举证，即如果力求使用该法律条文作为大前提可以达到诉讼目的的当事人，需要对该法律规范的构成要件事实承担证明责任，除非法律另有规定或当事人另有约定。通俗来说，如果当事人一方认为只要适用某些法律条款，他就可以获得诉讼上的胜利，那么该当事人应就该法律条文以及实际上已经存在的事实承担证明责任。罗氏将民法规范分为四类：权利发生规范即请求权规范；权利障碍规范，如重婚基础上的婚姻关系；权利消灭规范，比如债的履行、免除；权利排除规范，指权利发生之后，权利人欲行使权利之际始发生对抗作用将权利排除的规范。基于上述分类，确定证明责任的分配原则：主张权利存在的人，应就权利发生的法律要件事实负证明责任；否认权利存在的人，应对存在权利障碍要件、权利消灭要件或权利排除要件负证明责任。

法律要件分类说是在对待证事实说进行彻底批判后建立起来的。其仍然源于罗马法注释法学家和德国普通法时代所承认的"原告应对诉讼的原因举证，被告应对抗辩事实举证"这一基本法则。待证事实说是以事实本身的内容与性质作为分配证明责任的标准；而法律要件分类说则着眼于事实与实体法的关系，以事实与实体法要件的关系及其在实体法上引起的不同效果作为分配证明责任的标准。待证事实分类说把当事人举证的难易作为证明责任分配的决定性因素；法律要件分类说则不着眼于当事人举证的难易，而是直接从当事人平等原则和事物的盖然性出发设置证明责任分配的原则。根据当事人平等的思想，当事人在诉讼中处于平等的地位，只有适当地分担责任，才能达到法律实现公平正义的目的。原告和被告都没有必要对全部案件事实予以证明，原告应对权利存在的事实举证，被告应对否定权利存在的事实举证才能实现诉讼的公平。法律要件分类说又有多数说和少数说之分，在多数说中，被誉为通说的是德国学者罗森贝克的规范说，少数说是德国学者莱昂哈德的全备说。

2. 待证事实分类说

待证事实分类说是根据待证事实的性质和内容来决定证明责任的分配之学说，其核心内容是将待证事实按某种标准进行分类，明确哪些事实需要当事人承担证明责任，哪些事实不需要当事人承担证明责任。待证事实分类说的主流学说是消极事实说。该学说起源于德国，可分为消极事实说、推定说、外界事实说和基础事实说。

从成立的依据来看该学说的确有一定存在的合理性。该学说认为，主张提出消极事实者不负证明责任，主张积极事实者就该事实负证明责任。为什么消极事实不负证明责任？该学说认为消极事实从未发生，人们不需要对没有发生的事情举证。该学说认为积极的事实会产生某种结果，消极的事实是没有发生的不会对法律关系的变更或者消灭产生效果。实践中，使用该学说首先需要对待证事实进行划分，而能否正确划分决定了其分配证明责任的结果。有时往往转换一下表述方式即可将积极事实转为消极的事实。在不当得利纠纷案件中，其构成要件中有一项是获益方的获益没有法定的或者约定的事由。该要件由谁举证？之前有两种观点，一种是法律要件分类说，一种是待证事实分类说。待证事实分类说认为当事人仅仅对肯定的事实承担证明责任，获益方的获益没有法定的或者约定的事由属于否定的事实，当事人不应当承担证明责任。我国最高人民法院对该证明责任的分配曾经也存在不同观点。一般而言，消极事实的证明都采用排除可能性的方法，即通过大量间接证据的提供来排除某段时间各个时间点均未发生某种事实，因此这一学说的缺陷也十分明显。一方面，该学说的运用建立在将待证事实划分为消极事实与积极事实的基础之上，故能否将案件事实正确划分为积极事实与消极事实决定了该学说的运用效果。不过，实践中往往会因当事人对同一事实主张的方式不同，导致两者的界线难以辨别。就正反相对的两个事实而言，倘若仅否定其中一个事实，那么就是肯定另一事实，故从主张或陈述的方式上来分辨积极事实和消极事实之间的区别非常困难。同时，当事人还可通过将其主张或陈述由肯定变为否定，由积极变为消极的方式来规避证明责任，从而使其难以发挥应有的作用。另一方面，消极事实说的出发点是根据证明的难易程度来决定证明责任的分配，但消极事实并非绝对不能被证明，其大都可以通过间接证明的方法予以证明，尤其是受到时间和地点限制的消极事实均能证明。而且在某些情况下，对消极事实进行证明比对积极事实进行证明更容易些，故不考虑具体情形，均规定消极事实不负证明责任，显然有失公允。此外，法律效果的发生与否是视相应事实是否为法律要件事实而定的，并不取决于其是否发生因果关系的结果，即使是消极事实，如果其为法律要件事实，当事人仍应对此承担证明责任。

3. 危险领域说

危险领域说是依据待证事实属于哪一方当事人控制的危险领域为标准，决定证明责任的分配，即当事人应当对其所能控制的危险领域中的事实负证明责任。危险领域说不是主张在整个诉讼领域全部适用新的证明责任分配标准，而是主张在特定领域，应当以危险领域作为证明责任分配的标准，以修正法律要件分类说的不足。所谓危险领域，是指一方当事人通过事实上或法律上手段可以控制的生活领域，如在环境污染的案件中损害赔偿的场合。根据法律要件分类说的证明责任分配原则，损害赔偿请求权要想成立，受害人必须证明以下法律要件事实：①存在损害事实；②加害人有过错；③加害行为与损害事实有因果关系；④加害行为是侵权行为。而对环境污染加害行为与损害事实的因果关系的证明，对于被害人来讲往往相当困难，特别是在现代化工业和技术领域中，因果关系常常不能以人们一般所具备的知识去判断和识别，这就给受害人的权利救济设置了障碍。在损害赔偿诉讼中，如果损害原因来自加害方的危险领域，则受害方就难以对加害方存在过失以及过失与损害之间的因果关系作出证明。与之相反，加害方则处于一种易于了解事实关系的地位。此时必须考量举证难易和损害救济预防等因素，而不能局限于法律要件分类说的教条，即有关过失以及过失与损害之间的因果关系的证明责任应由加害方来承担。

危险领域说即是一种区别于法律要件分类说的新理论，由德国学者普霍斯首倡。其提出危险领域说的直接动机就在于试图弥补规范说存在的缺陷和不足。普霍斯在对德国法院有关判例特别是联邦最高法院的判例进行总结、整理并使之系统化与一般化的基础上创立了该学说。法律要件分类说注重的是形式上的分配方法，作为对其进行修正的学说，危险领域说不拘泥于法律条文关于权利规定的形式构成，更多地体现了对实质性分配的考量，把证明的难易和有利于防止损害的发生作为证明责任分配的根据。这种学说的优点是：首先，被害人难以知晓处于加害人控制之下的危险领域里所发生的事件过程，故难于提出证据。相反，由于该危险领域在加害人的控制之下，加害人更容易了解有关案件的情况，故容易提出证据加以证明。其次，该学说能更好地预防损害的发生。证明责任分配给谁，就是将谁置于不利地位，由加害方对危险领域内的事实负证明责任对其无异于一种惩罚，而对被害人而言，其权益却相应地获得了更好的保护。因此，加害人或潜在的加害人必定会更为自觉地预防、控制自己的损害行为，从而使既定的社会秩序更少地遭到破坏。在这一点上，危险领域说似乎是待证事实分类说的回归，但其并未完全否定法律要件分类说，不过是主张在某些领域里考虑证明难易和损害救济预防因素。具体地讲，只是在不法行为侵权领域和契约关系领域中考量举证难易和损害救济预防等因素。应当说危险领域说在方法论上改变了过去规范说的教条主义，在证明责任的重新分配方面反映了分配公正性的要求。然而，该学说的欠缺之处也相当明显，即何谓危险领域在内涵上并不明确，以至于几乎债务人的所有行为都被囊括在其中，这显然会不当地加重被告的证明负担。同时，让加害方就因果关系负证明责任未必总是公平，让债权人总是证明损害原因处于债务人的危险领域亦未必总是合理。所以不能将衡量证明责任分配的所有因素都笼统地用危险领域说来代替。

4. 盖然性说

盖然性说认为，如果法官对一个要件事实真伪不明不能确认时，应当由某个要件事实成立的可能性较小，因而对其不利的一方当事人承担不利后果。而这里的要件事实成立的可能性，就是指根据人们生活经验所统计出的该要件事实发生的概率，即事实发生率高的，主张该事实的人不需要举证加以证明，反之则需要承担证明责任。易言之，盖然性说主要是通过对民法中规定的证明责任规范的分析，从实质性的考量入手，将证明责任的分配体系化，并且把盖然性和证明可能性作为证明责任分配的一般因素。所谓盖然性考量，就是通过对实体法规范的分析，明确实体法的原则规范和例外规范的关系，并以此来决定证明责任的分配。作为分配的另一个应考虑的因素，证明的可能性是指具有证明可能性的当事人应当承担证明的责任。盖然性说为德国学者莱讷克和瓦亨道夫倡导。与危险领域说不同，盖然性说并非对法律要件分类说的修正，而是对其的彻底否定，完全抛弃了以划分法律要件事实为基础来分配证明责任的基本方法。盖然性说的"盖然性"的含义与法律要件分类说所依据的"盖然性"稍有不同。前者是指原则性，后者是指事物的常态。该学说最大的缺陷在于寻找盖然性以及确定盖然性的整体价值方面的困难会损害法的可预测性，从而给诉讼带来极大的不安定性，最终会导致作为法定风险分配的证明责任误入歧途，并进一步导致证明评价有名无实。所以抽象盖然性作为证明责任分配的标准充其量不过是立法者的动机之一，而不可能成为法定的证明责任分配规则。

5. 利益考量说

利益考量说认为，决定证明责任分配的实质性要素是当事人之间的公平和实体法的立法宗旨，这种公平因素主要包括：当事人如果要变更现状的应当对变更之要件承担证明责任。当事人主张自己享有某权利，进而要求变更现状时，如果让对该权利存在争议的对方当事人对有可能成为该权利发生原因的所有事实，并证明其不存在，那么就会产生诸如增加对方当事人负担、无端导致争点的增加等种种不合理的后果。而且，此时法官虽未获得权利存在的确信，但由于对该权利存在争议的对方当事人不能证明权利的发生不存在，故法官不得不认可该权利，这样提起无理由诉讼的原告反而获得了胜诉，明显对被告不公。相反，如果让主张权利者对所有的可能成为权利消灭原因的事实，并证明其不存在也会出现同样的问题。在证据分布不均衡，进而使权利主张者无法掌握其主张所必需的事实及证据的情形下，如果让处于更容易使用必要证据方法地位的一方当事人来承担该事实的证明责任较符合公平的理念。当然，证据不均衡的程度、证明的困难程度无疑是多种多样的，故需要斟酌其他因素来作出慎重的判断。让主张例外情况存在的当事人对该事实承担证明责任也是符合公平原则的。由于证明责任的分配也决定着某个法规的适用与否，因此每个法规也当然地发挥着证明责任分配标准的作用。是否希望拓宽权利救济途径的实体法的解释及政策论，也成为决定证明责任分配的重要因素。利益考量说因较高的适应性和较强的灵活性得到不少学者的认同，成为日本现代证明责任分配标准的代表性学说。但这种证明责任分配标准的构建方法与以抽象的法律规范为基础的大陆法系的诉讼模式不相吻合，从而会使法官在实际操作中陷入重重顾虑，不利于证明责任作为裁判规范的确定性。

除了以上学说，法学界还根据司法实践层出不穷的新型案例提出自己的观点创立了新的学术流派。但是在高度重视理论体系精细化和严密化的大陆法系民事诉讼理论中，以规范说为核心的法律要件分类说仍在证明责任分配诸学说里占据着统治地位。尽管有不少新的学说诞生，且这些学说也有一定的生命力，但与以规范说为代表的法律要件分类说相比，毕竟缺乏系统性且操作性不强，故这些学说顶多只是在部分领域对法律要件分类说进行的补充，未能完全取而代之。法律要件分类说以其严密的逻辑性、体系性以及便于操作的优点仍然占据着大陆法系证明责任分配标准的通说地位，也是实践中法官分配证明责任的主要方法。在可以预见到的将来，对法律要件分类说予以修正仍然是证明责任分配标准发展的基本趋势。

在以上学说中，我国民事诉讼法主要采用法律要件分类说，即除法律另有规定的以外，主张法律关系存在的当事人，应当对产生该法律关系的基本事实承担证明责任。主张法律关系变更、消灭或者权利受到妨害的，应当对该法律关系变更、消灭或者权利受到妨害的基本事实承担证明责任。其中，法律条文中凡以"但书"形式予以规定的，均为例外规范，亦即权利妨害规范。《民事诉讼法》第 64 条第 1 款规定：当事人对自己提出的主张，有责任提供证据。人们通常将其归纳为"谁主张，谁举证"，但该款并没有明确证明责任分配的具体规则。《民诉法解释》第 91 条规定："（一）主张法律关系存在的当事人，应当对产生该法律关系的基本事实承担举证证明责任；（二）主张法律关系变更、消灭或者权利受到妨害的当事人，应当对该法律关系变更、消灭或者权利受到妨害的基本事实承担举证证明责任。"这一规定显然受到法律要件分类说的影响。此外，我国法律中在特殊案件中还采用了其他学说的观点。

四、我国民事诉讼法的证明责任分配的具体规定

（一）一般分配原则

在我国民事诉讼领域，关于证明责任分配长期占据主导地位的观点是所谓的"谁主张，谁举证"原则。1982年颁布的《民事诉讼法（试行）》第56条"当事人对自己提出的主张，有责任提供证据"的规定则确立了这一原则，1991年颁布的现行《民事诉讼法》第64条第1款完全承继了《民事诉讼法（试行）》第56条的规定。但是"谁主张，谁举证"这一证明责任分配原则在司法实践中存在一些问题：因为依此原则，在双方当事人对同一事实存在与否发生争议时，一方当事人应就其关于该事实存在之主张负证明责任，而对方当事人则应对其关于该事实不存在之主张负证明责任，此时就出现了当事人双方就同一事实分别从存在与不存在两个层面承担证明责任的情形。若双方当事人均未能提供充分的证据让法官确信其存在及不存在，也即该事实存否真伪不明，依此项证明责任分配原则，双方当事人均应依证明责任规范遭受不利益，法官岂非不能以之作为裁判的基础？这显然与证明责任作为裁判规范之本质相悖。《民事证据规定》首次在我国民事诉讼领域确立了真正意义上的证明责任分配原则。其第2条规定：当事人对自己提出的诉讼请求所依据的事实或者反驳对方诉讼请求所依据的事实有责任提供证据加以证明。没有证据或者证据不足以证明当事人的事实主张的，由负有证明责任的当事人承担不利后果。从该项司法解释的规定中可推知，我国审判实践中，关于证明责任分配基本上是以法律要件分类说为依据的。其原因主要是，该学说在理论上已较为成熟，在我国已为学界广泛认同，并且也具有广泛的实践基础。从总体上讲，尤其是相对

于现行《民事诉讼法》第 64 条第 1 款关于证明责任分配的规范，该项司法解释的规定是比较合理的。为了进一步明确我国民事诉讼中的证明责任的一般分配原则，我国《民诉法解释》第 91 条进一步作了规定。

（二）特殊侵权中的例外原则

特殊侵权中的例外原则主要是指证明责任倒置。证明责任倒置即原告主张，原告不举证，被告否认即要举证，否则承担不利后果。在特定的情况下，设置证明责任分配的特殊规则有利于查明案件真实；有利于确保诉讼地位平等和贯彻公平原则。在一些特殊情况下，如果不考虑证明的难易程度、举证人与证据的远近距离、证明能力的强弱差别等因素，将有失公允。基于立法上的考虑，在权衡各种社会主体权益的情况下，为了实现特定价值的衡平而顾及或侧重保护弱者权益，以贯彻和实现实体法上立法者的特定意图来维护法律正义上的最高价值，所以在特定情况下实行证明责任倒置。证明责任倒置首先由德国学者于 20 世纪 50 年代提出，并随之由德国在判例中予以确立。其后，这种做法在大陆法系国家普遍得以确认，成为修正法律要件分类说的重要方法。就我国立法来看，最早对证明责任倒置加以规定的是 1984 年颁布的《中华人民共和国专利法》。该法第 60 条第 2 款规定：在发生侵权责任纠纷的时候，如果发明专利是一项新产品的制造方法，制造同样产品的单位或个人应当提供其产品制造方法的证明。1986 年颁行的《民法通则》又进一步规定了几种证明责任倒置的情况。1992 年的《最高人民法院关于〈中华人民共和国民事诉论法〉若干问题的意见》（以下简称《民诉适用意见》）第 74 条以司法解释的形式规定了在几种特殊侵权诉讼中实行证明责任倒置——下列侵权诉讼中，对原告提出的侵权事实，被告否认的，由被告负责举证：①因产品制造方法发明专利引起的专利侵权诉讼；②高度危险作业致人损害的侵权诉讼；③因环境污染引起的损害赔偿诉讼；④建筑物或者其他设施以及建筑物上的搁置物、悬挂物发生倒塌、脱落、坠落致人损害的侵权诉讼；⑤饲养动物致人损害的侵权诉讼；⑥有关法律规定由被告承担证明责任的。2002年《民事证据规定》中的第4条第1款又规定，下列侵权诉讼，按照以下规定承担证明责任：①因新产品制造方法发明专利引起的专利侵权诉讼，由制造同样产品的单位或者个人对其产品制造方法不同于专利方法承担举证责任；②高度危险作业致人损害的侵权诉讼，由加害人就受害人故意造成损害的事实承担举证责任；③因环境污染引起的损害赔偿诉讼，由加害人就法律规定的免责事由及其行为与损害结果之间不存在因果关系承担举证责任；④建筑物或者其他设施以及建筑物上的搁置物、悬挂物发生倒塌、脱落、坠落致人损害的侵权诉讼，由所有人或者管理人对其无过错承担举证责任；⑤饲养动物致人损害的侵权诉讼，由动物饲养人或者管理人就受害人有过错或者第三人有过错承担举证责任；⑥因缺陷产品致人损害的侵权诉讼，由产品的生产者就法律规定的免责事由承担举证责任；⑦因共同危险行为致人损害的侵权诉讼，由实施危险行为的人就其行为与损害结果之间不存在因果关系承担举证责任；⑧因医疗行为引起的侵权诉讼，由医疗机构就医疗行为与损害结果之间不存在因果关系及不存在医疗过错承担举证责任。与《民诉适用意见》第74条相比，《民事证据规定》第4条不仅弥补了前者规范的一些缺失，在内容上也更为丰富。其一，《民诉适用意见》第74条对证明责任倒置的对象规定得不够明确，对于究竟应将侵权责任构成要件中的哪些要件倒置给被告，未作具体规定，而只是笼统地规定"对原告提出的侵权事实，被告否认的，由被告负责举证"，这易使人误认被告对不存在侵权责任的全部构成要件事实均应负证明责任。《民事证据规定》第4条则明确规定了仅过错要件事实和因果关系要件事实实行证明责任倒置。其二，《民事证据规定》第4 条新增了规定产品缺陷、共同危险及医疗事故三种侵权诉讼的证明责任倒置规则，一定程度上扩充了当事人之举证能力。在理解这些规定的时候应当注意：《民事证据规定》第 4 条在所列八类案件中，不是所有规定案件都实行证明责任的倒置。高度危险作业致人损害、饲养动物致人损害及产品缺陷致人损害的证明责任分配并不属于证明责任的倒置，而是完全意义上的证明责任的一般分配原则。此三类案件均属于实行无过错责任的特殊侵权案件，在这些案件中，受害人欲求损害赔偿请求权之实现，须对损害事实、违法行为及因果关系三项要件事实进行证明；而被告若欲免责，则须对免责事由之存在即受害人的故意或法律规定的其他免责事由负证明责任，即否认受害人权利主张的被告，应就其主张的阻碍受害人权利发生的要件事实进行证明，这纯粹为依法律要件分类说所确定的证明责任分配原则分配证明责任，并无任何倒置之义。

此外，在适用证明责任倒置的案件中，也仅仅是部分证明责任实行倒置。

（1）因新产品制造方法发明专利引起的专利侵权诉讼，由制造同样产品的单位或者个人对其产品制造方法不同于专利方法承担举证责任。

按照证明责任分配的一般规则，专利权人既然指控制造同样产品的单位或者个人使用了他的产品制造方法，就应当对所主张的事实负证明责任。但是这样专利权人就会处于极为不利的地位。因为产品制造的方法是在生产制造过程中使用的，专利权人远离证据，他很难进入对方的企业调查了解取得直接的证据，即使进入也难以收集处于对方控制之下的使用其专利方法生产的证据。故由专利权人举证证明对方的产品制造方法与自己的专利方法相同与否，将因举证困难而使专利权人鲜有胜诉的可能，这显然不利于保护专利权人的合法权益。而对于制造同样产品的单位或者个人来说，究竟使用何种方法生产产品自己最清楚，能够轻而易举地提出证据来证明该项产品不是用专利方法而是用其他方法生产的。正是基于上述原因，我国《专利法》第 57 条第 2 款规定：专利侵权纠纷涉及新产品制造方法的发明专利的，制造同样产品的单位或者个人应当提供其产品制造方法不同于专利方法的证明。据此，在新产品制造方法发明专利侵权诉讼中，专利权人仅提供其专利被侵害的事实即可，而由对方举证证明自己的制造方法并非专利方法，或者依法不视为侵犯专利权的行为。如果对方不能举证证明自己的生产方法不同于专利方法，则应推定为使用了专利权人的专利方法发明，从而认定为专利侵权，由其承担侵权法律责任。因此，这里的举证倒置，只是倒置了产品制造方法的同一性要件事实的证明，专利权人就其他法律要件仍然应负证明责任。

（2）高度危险作业致人损害的侵权诉讼，由加害人就受害人故意造成损害的事实承担举证责任。

高度危险作业是指从事高空、高压、易燃、易爆、剧毒、放射性、高速运输工具等对周围环境有高度危险的作业。高度危险作业致人损害的，应当承担民事责任。如果能证明损害是由受害人故意造成的，不承担民事责任。高度危险作业系 19 世纪以来社会化大生产的产物。它一方面带给人类丰裕的物质生活，使人们得以尽享现代科技文明带来的舒适、快捷、高效；另一方面无可避免地潜藏着巨大的危险，以致招来人身和财产的极大伤害，摧毁人们安详和宁静的生活。现代化进程中，我们还不曾看到哪个国家整体性地开历史倒车，缩回到刀耕火种的原始文明的案例，现代化是不可逆转的。但作为现代化进程表征之一的高度危险作业，其给人们造成的祸灾也不能被忽视。如果继续沿用过去的过错责任原则由受害人证明加害人的过错而获得赔偿，对于受害人而言，则高度危险作业所带来的社会进步将消失或淹没于个人遭受的不幸之中，而且完全由受害人承担社会进步过程中付出的代价，也未免有失公平。因此，对于高度危险作业致人损害的法律规制应不同于传统的过错责任。美国铁路企业法开现代高度危险作业赔偿制度的先河。该法规定：铁路公司所运输的人及物，或因转运之事故对别的人及物造成损害，应负赔偿责任。容易致人损害的企业虽企业主毫无过失，亦不得以无过失为免除赔偿的理由。该法规定了加害人的无过错责任，并指出这种无过错责任应适用于包括铁路公司在内的一切"容易致人损害（即从事高度危险作业）的企业"。这确实是侵权法史上的一个创举。此后，高度危险作业致人损害的无过错责任原则逐步得以确立。在我国应适用什么样的归责原则，学者一向有争议。有的主张适用过错责任，有的主张适用过错推定责任，占主导地位的观点认为应适用无过错责任原则。在市场经济条件下，高度危险作业也是营利性的事业活动，甚至是高利润的垄断性经营，为自己利益而经营某项事业者应承担由此产生的风险，同时，就其获利的行为承担致人损害的责任也符合公平原则，因此对于高度危险作业致人损害的侵权诉讼实行无过错原则是有理论依据的。由于适用无过错责任原则，在高度危险作业致人损害的民事责任构成中，不以加害人的过错为要件，但仍应具备以下三项要件：第一，加害人从事对周围环境有高度危险的作业。加害人从事的高空、高压、易燃、易爆、剧毒、放射性、高速运输工具等对周围环境有高度危险的作业是一种合法行为，至少是不为法律所禁止的行为。如加害人从事非法的高度危险作业，并不受无过错责任原则的保护。另外，高度危险作业对于周围环境的高度危险以及可能造成的损害客观上具有不可避免性。第二，有损害。此类损害后果既包括人身损害，也包括财产损害。第三，因果关系，即损害后果是由加害人的侵害行为所致。有时因果关系难以获得证明，其原因在于科学尚不能完全揭示侵害与结果之间的因果关系，或者由于受放射性等侵害的后果需要经过较长潜伏期才显现出来等。在这种情况下，受害人只需进行盖然性的证明（如数理统计的证明、社会流行病学的证明）即可，然后提供证据的责任由受害人转移到加害人，由加害人证明因果关系不存在。根据民法规定，在高度危险作业致人损害案件中，加害人如果能够证明损害是由受害人故意造成的，不承担民事责任。按此，受害人的故意属于法定的免责条件，系否认受害人权利的事实。因此，该要件事实应由否认权利存在的加害人来证明。受害人的故意包括两种情形：直接故意，即受害人明知其行为会导致损害后果，而追求或希望损害结果的发生；间接故意，即受害人明知其行为会导致损害后果，而放任这种结果的发生。司法实践中，受害人的故意常见的有：自杀或自伤；盗窃或破坏高度危险作业的设施；侵入严禁入内的危险区域；违反禁止性规定，在危险区域逗留、打闹、坐卧；随身携带违禁物品或者易燃、易爆、有毒、有腐蚀性、放射性以及可能危及安全旅行的其他危险物品等。受害人的故意作为免除加害人责任的条件，无论上述何种情况，均应由加害人来证明。理论上有人将加害人就受害人故意的事实负证明责任归结为证明责任倒置的表现，这是不对的。因为加害人既然否认受害人有损害赔偿请求权，并以受害人主观上故意为否认事由，则依法律要件分类说，理应由否认者即加害人就妨害权利的要件负证明责任。这正好是证明责任的正常分配，而非举证倒置问题。

（3）因环境污染引起的损害赔偿诉讼，由加害人就法律规定的免责事由及其行为与损害结果之间不存在因果关系承担举证责任。

我国《民法总则》有关规定体现了环境污染侵权责任无过错责任归责原则的基本精神。既然适用无过错责任原则，环境污染致人损害案件中的受害人则无须对加害人的主观过错进行证明，加害人也不得以自己没有过错进行抗辩。环境污染侵权责任的构成要件可以概括为三项：①有污染环境的行为，如排放"三废"、粉尘、恶臭气体、放射性物质以及噪音、振动、电磁波辐射等。污染环境的行为一般为积极的作为，具有复杂性、渐进性和多原因性特点。②损害。受害人因接触或暴露于被污染的环境，而受到人身伤害、死亡以及财产损失等后果。其特殊性在于潜伏时间长，受污染地域广泛、受害对象众多以致要适用代表人诉讼。③侵害行为与损害之间有因果关系。

　　环境污染损害赔偿的免责条件主要是不可抗拒的自然灾害。我国《环境保护法》第41条第3款、《水污染防治法》第42条、《大气污染防治法》第37条以及《海洋保护法》第43条均规定"不可抗拒的自然灾害"作为免责条件。如果不可抗拒的自然灾害不是引起损害的原因或者不是引起损害的全部原因，则不能免除加害人的责任。此外，战争行为、第三人的过错、受害人的过错也可在特定情况下免责。如《海洋环境保护法》第43条规定，在当事人采取了合理措施仍不能避免对海洋环境造成污染损害的，战争行为方可作为对海洋污染损害的免责条件《海洋环境保护法》《水污染防治法》规定，污染损害是由第三人故意或者过失引起的，第三者应承担责任。《水污染防治法》第41条第3款规定，损害是由受害人自身的责任所引起的，排污单位不承担责任。从这些规定可以看出，我国法律对于环境污染这种特殊的侵权行为适用无过错责任原则，这样有利于强化污染环境者的法律责任，促使其履行环保义务，严格控制和积极治理污染；有利于保护受害人的合法权益，减轻受害人证明加害人过错的证明责任；有利于简化诉讼程序，及时审结案件。由于环境污染损害赔偿适用无过错责任，因而加害人是否有故意或者过失不再成为诉讼证明的对象。依法律要件分类说，受害人应就其环境污染损害赔偿请求权的发生要件事实负证明责任。具体而言，受害人应证明加害人有污染行为，以及损害的事实。加害人则应对他主张的免责事由（阻碍损害赔偿请求权发生的事实）负证明责任。即使存在着损害，但如能证明有法定的免责事由，加害人仍可免予承担责任。这些都属于环境污染损害赔偿诉讼证明责任的一般分配规则。

在环境污染损害赔偿诉讼中，较难以把握的是因果关系的证明。因果关系是任何侵权行为的构成要件之一，环境污染损害责任也不例外。按照证明责任分配的一般规则，因果关系作为受害人请求权的法律要件，应由受害人负证明责任。但是，由于环境污染行为的复杂性、渐进性和多因性，以及损害的潜伏性和广泛性，其因果关系的证明较普通侵权行为案件更为复杂。因此，除了适用传统的证明方法和借助环境监测、分析、化验、技术鉴定等手段外，外国学者还提出了一些新的证明方法，如盖然因果关系说、社会流行病学的证明方法、间接反证法等，以此缓解环境污染损害赔偿诉讼中因果关系证明的困难。根据这些方法，受害人需初步证明污染行为引起损害的可能性，然后法官依事实推定的方式认定因果关系存在，除非加害人能够证明因果关系不存在。这些做法在一定程度上减轻了受害人就因果关系举证的困难，因而对受害人有利。最高人民法院《民事证据规定》第 4 条在因果关系证明上走得更远。受害人实际上根本无须就因果关系作哪怕是初步的证明，相反加害人承担起了这个责任，即由"加害人就行为与损害结果之间不存在因果关系承担证明责任"。比较而言，第 4 条的规定比任何西方国家对受害人的保护都要来得彻底。

（4）建筑物或者其他设施以及建筑物上的搁置物、悬挂物发生倒塌、脱落、坠落致人损害的侵权诉讼，由所有人或者管理人对其无过错承担举证责任。

　　我国民法规定，建筑物或者其他设施以及建筑物的搁置物、悬挂物发生倒塌、脱落、坠落造成他人损害的，它的所有人或管理人应当承担民事责任，但能够证明自己没有过错的除外。对于建筑物等致人损害的赔偿责任的归责原则，我国学者一般认为适用过错责任原则，且对于加害人的过错进行法律推定。过错推定是过错责任原则发展到一定历史时期为处理一些特殊侵权行为案件的产物，比过错责任原则更有利于保护受害人的利益。过错推定使加害人承担起了证明自己没有过错的证明责任，加害人如能证明自己无过错时就能免责。而无过错责任原则根本不考虑加害人有无过错，相对于这一点来说，过错推定仍然可能导致加害人逃避责任，因而它又不及无过错责任的彻底性。随着无过错责任原则在大陆法系民法中的确立和广泛适用，过错推定的适用范围变得比较小，我国《民法通则》既规定了过错责任，也规定了无过错责任，但明确规定适用过错推定的，只有第126条的建筑物等致人损害责任。

　　由于建筑物等致人损害在归责原则上适用过错责任原则，因此其构成要件仍然是四个：①加害行为。其由两部分组成：一是加害人对该建筑物（或者其他设施以及建筑物上的搁置物、悬挂物）的所有或管理行为这一事实，二是建筑物或者其他设施以及建筑物上的搁置物、悬挂物发生倒塌、脱落、坠落。二者必须同时具备才能构成侵权事实。②加害人的过错问题。建筑物等倒塌或者发生其他意外情况致人损害，加害人通常具有过失，即未能尽到一个善良管理人应当尽到的注意义务，未能对建筑物等进行合理的设计建造或必要的安全管理，而导致损害的发生。③损害后果。④侵权事实与损害之间的因果关系。在建筑物等致人损害诉讼中，由于实行过错推定，受害人无须对建筑物或其他工作物所有人或者管理人的过错进行举证和证明，而是由法律推定加害人存在过错。所有人或者管理人可以举证证明自己没有过错，只有其能够证明自己没有过错的情况下方能免除侵权责任。这实质上是证明责任倒置的一个典型表现。因为依证明责任分配的法律要件分类说，加害人的过错属于受害人权利发生的法律要件之一，一般情况下应由权利主张者（即受害人）举证和证明。因此，若由加害人对其无过错事实承担证明责任的话，就构成了证明责任倒置。当然，这里所倒置的仅仅是加害人的过错要件事实，除行为人过错以外的其他权利发生要件事实，则仍然应由权利主张者（即受害人）举证和证明。因此，在建筑物等致人损害诉讼中，受害人在诉讼中必须对自己的人身或者财产受到损害，以及损害是建筑物或者其他设施以及建筑物上的搁置物、悬挂物发生倒塌、脱落、坠落所致的事实负证明责任。上述事实得到证明后，加害人的过错就被推定存在，加害人要想免责，就须证明自己无过错，如证明建筑物是不可抗力所致，是第三人过错所致。

（5）饲养动物致人损害的侵权诉讼，由动物饲养人或者管理人就受害人有过错或者第三人有过错承担举证责任。

饲养动物致人损害的民事责任最早规定于《法国民法典》第1385条、《德国民法典》第833条和《日本民法典》第718条，在归责原则上均为无过错责任。我国民法规定：饲养的动物造成他人损害的，动物饲养人或者管理人应当承担民事责任。由于受害人的过错造成损害的，动物饲养人或者管理人不承担民事责任。该规定也应当理解为无过错责任。构成饲养动物致人损害的民事责任，虽不以动物饲养人或者管理人的过错为要件，但构成侵权责任的其他要件，仍是不可或缺的。具体包括：①加害行为，包括人对动物的所有、占有、饲养或管理和动物的直接加害行为；②损害；③因果关系。并非动物饲养人或者管理人需对其饲养的动物造成的一切损害都承担赔偿责任，在有法定免责、约定免责和意外事件时可以免责。我国民法规定了法定免责条件：

受害人的过错。受害人故意投打、挑逗或者投喂动物或无视警戒标志、跨越隔离设施接近他人饲养的动物，均可认为受害人的过错为引起损害的全部或主要原因，得免除动物饲养人或管理人的赔偿责任。依法律要件分类说，饲养动物致人损害诉讼的证明责任分配是：受害人应当对其损害赔偿请求权成立的要件事实负证明责任，即证明以下事实——①受害人受到了动物的伤害；②造成伤害的动物由加害人饲养或管理。加害人如想免责，就应对阻碍受害人权利发生的要件事实，即受害人有过错负证明责任。必须注意，由动物饲养人或者管理人就受害人有过错承担证明责任，并不是证明责任倒置，只是证明责任的正常分配而已。

（6）因缺陷产品致人损害的侵权诉讼，由产品的生产者就法律规定的免责事由承担举证责任。

因缺陷产品致人损害的责任是一种特殊的侵权责任，对于不同的责任主体承担不同类型的赔偿责任，在归责原则上采取的是二元归责原则，即既适用无过错责任原则，也适用过错责任原则，但以无过错责任原则为主导的归责原则。其中，按照《产品责任法》的规定，无过错责任原则适用于下列情形：①生产者和销售者的直接责任（表面责任）。无论是缺陷产品的生产者还是销售者，对直接责任（表面责任）的承担均适用无过错责任原则。换言之，只要因使用、消费缺陷产品而受到损害的受害人向该产品的生产者、销售者主张赔偿，生产者和销售者不得以无过错主张免责，受害人也无须证明生产者和销售者的过错。②生产者的最终责任（实质责任）。无过错的销售者向受害人承担直接责任（表面责任）之后，可以向生产者追偿，由生产者承担最终责任。销售者只需证明缺陷、损害以及二者之间的因果关系，而无须证明生产者的过错。因此，生产者的最终责任（实质责任）属于无过错责任。如果受害人直接向生产者主张赔偿，于大多数情形生产者在承担直接责任的同时也承担了最终责任，这也是适用无过错责任原则。按照产品责任法的规定，过错责任原则适用于下列情形：①销售者的最终责任。由于销售者的过错使产品存在缺陷，销售者应承担最终责任。如销售者承担了直接责任，则不得再向生产者追偿；如果生产者承担了直接责任，生产者则可通过证明缺陷是由于销售者的过错所致而向销售者追偿。但是销售者不能指明缺陷产品的供货者的，销售者即被视为生产者，其对最终责任的承担由适用过错责任原则转化为适用无过错责任原则。②运输者、仓储者及中间供货人的最终责任。运输者、仓储者及中间供货人运输者、仓储者及中间供货人运输者、仓储者及介于运输者、仓储者之间的中间供货人不是直接责任的承担者，但如果产品的缺陷是因其过错所致，生产者和销售者在承担了无过错的直接责任后，则可向有过错的运输者、仓储者及中间供货人追偿。运输者、仓储者及中间供货人对这种最终责任的承担所适用的归责原则是过错责任原则。

因缺陷产品致人损害赔偿责任的构成要件有：①产品存在缺陷。产品质量法上的缺陷，是指产品存在危及人身、财产安全的不合理的危险，通常分为设计缺陷、制造缺陷和营销缺陷。设计缺陷是指制造者在设计产品时，其产品的结构、配方等方面存在不合理的危险性。批量的具有设计缺陷的产品投入市场后，受害者往往人数众多，在司法实践中可能形成代表人诉讼。制造缺陷是指产品原材料或配件存在缺陷或者在装配产品过程中出现某种错误，而导致产品具有不合理的危险性。实践中，产品缺陷大多表现为制造缺陷产品。营销缺陷是指生产者没有提供警示与说明，致使其产品在使用、储运等情形具有不合理的危险。但如果消费者、使用者无视警示与说明，不按说明的用途、用法使用产品，即使受到损害也不认为产品为缺陷产品。②损害。即使用缺陷产品所导致的死亡、人身伤害和缺陷产品以外的其他财产损害以及其他重大损失。③产品缺陷与受害人所受损害之间的因果关系。至于过错要件，仅仅在适用过错归责原则时才能作为构成要件之一。

《产品质量法》规定了因缺陷产品致人损害的免责条件："生产者能够证明有下列情形之一的，不承担赔偿责任：（一）未将产品投入流通的；（二）产品投入流通时，引起损害的缺陷尚不存在的；（三）将产品投入流通时的科学技术水平尚不能发现缺陷的存在的。"除了上述三个免责条件外，还有一些其他免责条件，包括：被告未从事此产品的生产、销售或其他经营活动，以及受害人的过错，如误用、滥用、过度使用、不听警示进行改装、拆卸等。免责条件适用的主体为制造者，在某种情形也可能涉及销售者，只适用于无过错责任原则而不适用于过错责任原则。在适用无过错责任原则时，无论是生产者和销售者的直接责任还是生产者的最终责任，都不需以过错为责任要件之一，因而受害人只需就投入流通时的产品存在缺陷、使用缺陷产品所导致的死亡、人身伤害和缺陷产品以外的其他财产损害、产品缺陷与受害人所受损害之间的因果关系等权利发生要件事实举证。产品的生产者要想免责，应就法律规定的免责事由承担证明责任。在适用过错责任原则时，无论是销售者的过错还是运输者、仓储者及中间供货人的过错导致产品的缺陷，受害人除了证明上述要件事实外，还应就加害人的过错负证明责任。

在因缺陷产品致人损害的侵权诉讼中，让受害人证明使用产品导致死亡、人身伤害和缺陷产品以外的其他财产损害并不困难，真正难以举证的是两方面的要件事实：①产品存在缺陷，这种缺陷在产品投入流通时即已存在；②产品缺陷是造成损害的直接原因。比如产品设计缺陷、制造缺陷等，对于普通消费者来说，很难知晓这些技术上和工艺上的复杂问题，也难以证明产品缺陷与损害之间的因果关系。为了在诉讼中有效地贯彻产品质量法保护消费者权益的立法本意，我国有学者建议对于上述两项事实实行证明责任倒置，即改变目前的证明责任分配规则，不依法律要件说分配该两项事实的证明责任：对于产品投入流通时存在缺陷与否，以及产品缺陷与损害之间是否有因果关系，由生产者负责举证。当然，《民事证据规定》第4条没有作出这种倒置的规定，司法实践中还应遵循现行规定，但法官完全可以采取一些灵活的证明方法，比如实验室检验、化验、测试、数理统计、社会流行病学统计以及间接反证等方法，当受害人证明到一定程度后，法官根据案件的具体情况作出事实推定，认定上述两项事实存在。对此认定，加害人可以反证推翻。通过这些办法，可以在一定意义上缓解现行规定的非科学性所造成的不合理结果。应指出，《民事证据规定》第4条中"因缺陷产品致人损害的侵权诉讼由产品的生产者就法律规定的免责事由承担证明责任"，不是证明责任倒置，而是证明责任的正常分配，即否认受害人权利主张的生产者，就其主张的阻碍受害人权利发生的要件事实进行举证。

（7）因共同危险行为致人损害的侵权诉讼，由实施危险行为的人就其行为与损害结果之间不存在因果关系承担举证责任。

共同危险行为，又称"准共同侵权行为"，是指二人及二人以上共同实施有侵害他人权利的危险的行为，对所造成的损害后果不能判明谁是加害人的情况。广为引述的法国"打猎案"即其适例。在此案中，数个猎人同时向同一方向开枪，结果原告被其中一子弹击中，但无法确知是由谁击中的。英美法系将共同危险行为归入共同侵权行为之中，大陆法系则将其与共同侵权行为区分开来。我国受大陆法系民法理论影响，理论上也进行了区分。按照法律要件分类说分配证明责任的一般规则，受害人要求加害人赔偿，必须就自己所受的损害确实是加害人的侵权行为所致负证明责任，但在因共同危险行为致人损害的侵权诉讼中，受害人恰恰无法证明数个实施了共同危险行为的人中究竟谁是加害者。

如果囿于证明责任分配的原则，由受害人证明因果关系存在，无异于取消受害者获得赔偿的权利，这未免有失公平。为此，《民事证据规定》第 4 条采用了因果关系法律推定的方式，规定"由实施危险行为的人就其行为与损害结果之间不存在因果关系承担证明责任"，实施危险行为的人不能证明其行为与损害结果之间不存在因果关系时，就推定因果关系存在，行为人因此要承担责任，使受害人的损失能够得到公正的补偿。

在共同危险行为因果关系的证明中，证明责任已被倒置。受害人在诉讼中只需证明数人实施了具有危险性质的行为，以及这种行为给原告造成了损害，数人中的每个人都必须对损害并非自己的行为所致负证明责任。若不能举证证明，数人就被推定为有共同过失，对外负连带赔偿责任。在这方面，美国侵权行为法上有个著名的案例——"辛德尔诉阿伯特化工厂"案。辛德尔是乳腺癌患者，在她出生前，其母为防止流产服用了当时用来防流产的药已烯雌粉。后来的研究证明，服用这种药与患乳腺癌有很大关系。辛德尔认为自己是此药的受害者，便起诉要求赔偿。但当时生产此药的化工厂有 11 家之多，她无法证明其母服的药究竟是哪一家工厂生产的，所以初审法院不予受理。而在她上诉后，上诉法院改判生产此药的 11 家化工厂负连带赔偿责任。

（8）因医疗行为引起的侵权诉讼，由医疗机构就医疗行为与损害结果之间不存在因果关系及不存在医疗过错承担举证责任。

医疗纠纷是一个非常宽泛的概念，一直以来未予统一及分类。目前学界普遍认为医疗损害责任纠纷大致的分为医疗技术损害责任、医疗伦理损害责任、医疗产品责任损害和医疗管理损害责任四种基本类型。医疗技术损害责任是主要指医方在对患方进行诊疗和护理过程中，其选择的治疗方案、护理质量等是否与当时的医疗水平、医疗条件相符合，若与现行的水平、条件不相符，则要承担相应的后果。医疗伦理损害责任主要指医方在诊疗和护理过程中未履行必要的告知义务，或在未取得患方的同意而进行治疗或者停止治疗的行为，造成患方的身体侵害，则要承担相应的后果。医疗产品损害责任是指医方在诊疗过程中使用有瑕疵或者缺陷的医疗产品导致患方的身体权益受损，应承担相应的法律责任。医疗管理损害责任是指医疗机构及医务人员违反医疗管理层面导致损害后果而提出来的医疗管理损害赔偿责任。

医疗行业本身是一个集社会公共服务功能及推动社会科学技术进步的一个行业，但是因为牵涉公民的身体健康安全，它是一个责任重、事故多、风险高的行业。近年来医患矛盾也达到了白热化甚至剑拔弩张的地步，其原因有许多，主要是：第一，诉讼双方举证能力差距巨大。医疗纠纷诉讼的原告为患方，医方为被告。医方主要包括相关科室的医务人员和各类医疗机构等，患方主要包括因医方的诊疗行为而遭受特定人身损害的患者、患者需要承担抚养义务的被抚养人、因医方的诊疗行为导致死亡的患者的近亲属等。医学是一个不断进步与更新的科学，医方对患方进行诊疗的过程一般具有高度的专业性，同时还具有高度的风险性和不确定性、损害性等特征。作为一般只具有基本医学常识的患方来说，高深、不断发展的医学科学很难通过直观理解去辨识诊疗行为的是否合理、合规，在对此类事实的确认方面也有畏难却步的情绪。在医疗纠纷诉讼中患方对损害后果的出现具有直观感受，但对医方的诊疗过程及诊疗行为与损害后果之间是否存在因果关系及参与度等问题，无法直接通过主观判断获得感知和有效的推断，若将医方和患方置于同等的证明责任主体地位，对不具专业医学知识的患方必然有失公允。但若片面强调患方的专业弱势地位，将证明责任完全分配给具有专业强势的医方，也是不公平、不科学的。第二，内容上呈现法律与医学的结合。医疗纠纷诉讼中，因为医方诊疗行为及依据的医学知识具有较强的专业性，非专业人员无法通过直观判断诊疗行为与损失事实之间的关系，即此类诉讼呈现出法律和医学知识的结合，所以在此类诉讼纠纷中，不能独立认知医学常识及专业理论，也不能独立判断损害后果与诊疗行为的事实关系，在审理此类案件时要依托科学的知识和法律的专业运用。因对损害事实发生与存在相对来说容易举证证明，但诊疗行为是否是正常的诊疗活动、非正常的诊疗活动与损害后果是否存在因果关系以及医方的过错参与度等其他构成要件，原告需要加以证明并非易事，而对医方来说举证证明其不存在医疗过错也并非简单之事。在司法审判实践中，医疗纠纷诉讼也是法院重大、疑难案件之一。医疗纠纷诉讼中证明责任的合理分配作为审理此类案件平衡医患双方之间的一种证明责任风险责任划分具有独特性，只有合理分配医患双方的证明责任，才能达到既保护患方的合法权益不受侵害，也能保证医学发展，同时遏制医疗滥诉乱象，维护医方的合法诊疗行为，缓解目前医方与患方之间较为紧张的关系的目的。

为了适应不断变化的诉讼环境，作为医疗纠纷诉讼中承担认定基本事实和分析责任认定的关键的证明责任分配经历数次的立法沿革，虽各有利弊，但均旨在保护当事人的合法权益及维护社会公平、正义，促进医患关系的良性发展和社会医学技术的可持续发展。纵观我国医疗纠纷诉讼证明责任分配主要经历了三个阶段：在《民事证据规定》出台之前，按照《医疗事故处理办法》的规定，医疗纠纷证明责任分配上，采取"谁主张，谁举证"即患方进行举证的原则。而《民事证据规定》出台后，明确规定了对医疗纠纷诉讼实行证明责任倒置原则，即医方就其本身不存在过失和即使存在过失也与损害后果不具有关联性进行举证的原则。而《侵权责任法》实施后进入实行区分情况的多元的证明责任分配的阶段。"谁主张，谁举证"是民事诉讼法对当事人证明责任分配的基本规定，基本适用于大部分的民事纠纷，其在医疗纠纷诉讼中的运用起始于《医疗事故处理办法》的出台。从一定意义上可以说是促进我国医疗事故的处理逐步走向法制化的一个里程碑。但《医疗事故处理办法》因受限于当时医疗技术水平和对患方弱势地位的忽视，该行政法规在分配证明责任的时候倾向于更多地保护医务人员及医疗机构的权益，而对处于弱势地位的患方的权益的保障形同虚设。具体表现为当患方主张存在其在医疗过程中的人身权益受到侵害的事实时，就要提供证据证明医方在其诊疗或者护理活动过程中存在过错，并直接造成患方的身体健康受到侵害。另外判断认定医方的诊疗或者护理活动是否存在过错，主要判断依据是病历，而病历的持有者为医疗机构和医务人员。并且根据《医疗事故处理办法》的规定，对病历的提供医疗机构和医务人员并没有强制的协助义务。这种情形对本身就不具备专业医学知识又不掌握病历资料的患方来说，举证的困难可以用几乎是不可能实现来形容。根据《医疗事故处理办法》的规定，证明责任分配上过分苛求处于专业弱势的患方，必然导致患方的举证困难与不能。在此情况下不利于患方通过诉讼途径合法维护自身的权益，也造成患方通过非法律途径去争取主张权利的不良后果，不利于医患双方关系的合理构建。另外，根据《医疗事故处理办法》，在医疗纠纷的归责原则上是实行绝对的过错原则，即患方应举证医方存在过错，若无法举证则由患方承担举证不能的法律后果，这必然使不具备专业医学常识或者医学理论的患方处于被动位置。

随着法制的进步和医患纠纷形势的日益严峻，如果仍坚持按照 20 世纪 80 年代的处理类似纠纷的"谁主张，谁举证"原则进行证明责任分配，容易导致不公平现象持续、医方纠纷无法获得良性的解决的后果，故在种种呼声中，新的证明责任分配原则出台，其标志就是 2002 年 4 月 1 日由最高人民法院发布的《民事证据规定》明确规定对医疗纠纷诉讼实行证明责任倒置原则。在医疗纠纷诉讼中实行举证责任倒置，即要求医方就其诊疗行为不存在过错及相应的不存在因果关系进行举证。该举证制度有利于使处于弱势地位的患方权利便于得到伸张，可以从侧面鞭策医方提高自身的医疗水平，加强内部管理，提高医疗服务质量，加强重视医方规范对进行诊疗活动的必要性，提升医务人员的业务素质及职业道德，从一定程度上阻止出现医疗过错的可能性，客观上也起到一定的缓解紧张的医患关系的作用。然而随着证明责任倒置原则在医疗纠纷诉讼中的广泛运用，其带来的负面效应也越发凸显。医疗纠纷诉讼中，证明责任倒置原则的施行加重了医方的证明责任，导致医方背负自证清白的包袱，难免会让医方出于自我保护意识的初衷而对患方进行超额的甚至完全不必要的过度医疗或者保守的防御性治疗，增加了患方的医疗成本也不利于患者身体健康的恢复，同时也阻碍了医学知识的创新和医疗方法的改革，从长远来看不利于医学的进步和患方治疗疾病的本意。同时，因为证明责任倒置使医方承担了主要的证明责任，患方的证明责任缺失，大大降低了患方主张权利的难度，往往会导致患方滥用诉权，给医方增加诉累，医方不得不疲于应付此类诉讼，也大大增加了全国医疗纠纷诉讼的案件数量。

正是由于实行证明责任倒置原则导致的种种弊端，我国立法部门经过 8 年的积累和探索，使医疗纠纷诉讼证明责任分配发展到了第三个阶段，即《侵权责任法》的实施出台对医疗纠纷诉讼的证明责任分配进行了全新的设置和规定。2010 年 7 月 1 日起施行的《侵权责任法》抛弃了原来完全的举证倒置原则，用共计11 条法律条文来定义医疗损害纠纷在不同情形下原被告承担不同的证明责任的证明责任分配模式，即对医疗纠纷诉讼中的证明责任分配进行了更加细微的区分。《侵权责任法》明确规定了未尽到知情权告知及与医疗水平现状相一致的诊疗行为的过错责任原则和三种法定情形的附条件过错推定，以及医疗产品的无过错责任原则。在医疗侵权纠纷诉讼中，不同的归责原则决定了证明责任分配的多元化。从上述规定来看，《侵权责任法》第58条的附条件推定过错原则实际上与第二阶段的证明责任倒置发生了质的变化，虽然减轻了医方的证明责任，但它能否平衡医患双方通过医疗纠纷诉讼途径公平、和谐解决冲突，还值得进一步探讨和改善。《侵权责任法》对证明责任分配仍存在诸多不足和亟待完善的地方，对证明责任分配实践操作构成一定的难点和争议。在医疗纠纷诉讼中，作为认定事实的主要证据即病历资料等几乎全部掌握在医疗机构或者医务人员手中，而患方因不具有专业的医学知识，往往在纠纷发生后才可以经过有关部门申请封存病历等，其掌握的病历资料要么不完整，要么不能对抗医疗机构或者医务人员已经篡改的资料，这对其举证方面构成了重重的障碍，大大降低了其公平举证操作的可能性。这就涉及一定情形下证明责任是否应转移即证明责任缓和的问题。但这种证明责任的转移是具有一定限制的：患者一方仍需要就其自身受到损害、医方在诊疗过程中存在过错及该过错可能导致出现损害后果的因果关系进行举证，患方应当举证证明医疗机构或者医务人员存在该条规定的三种情形之一，若患方就上述各事项完成证明责任，则发生该条规定的证明责任转移。

除上述八种侵权诉讼的证明责任规定外，最高人民法院司法解释还规定：有关法律对侵权诉讼的证明责任有特殊规定的，从其规定。这是一个弹性条款，可以容纳《民事证据规定》第4条所未概括进去的一些侵权诉讼证明责任的特殊规定。应当指出，结果意义上的证明责任（即结果责任）主要是由民事实体法来分配的，因此，考察有关法律对证明责任的特殊规定，主要考察有关实体法的规定，比如《民法总则》《婚姻法》《反不正当竞争法》《著作权法》《专利法》《商标法》《担保法》以及《物权法》等。

（三）合同诉讼中的证明责任分配

按照法律要件分类说，合同法规范可以分为合同权利义务设立规范、合同权利义务变更规范和合同权利义务终止规范。合同法上的证明责任分配就是以这三类合同规范为基础确立的。通常来讲，合同权利设立的事实，由主张合同权利存在的当事人负责证明；合同权利变更或消灭的事实，应由主张权利存在的对方当事人负证明责任；《民事证据规定》第 5 条即依此原则确立了合同诉讼的证明责任分配，其内容是：在合同纠纷案件中，主张合同关系成立并生效的一方当事人对合同订立和生效的事实承担举证责任；主张合同关系变更、解除、终止、撤销的一方当事人对引起合同关系变动的事实承担举证责任。对合同是否履行发生争议的，由负有履行义务的当事人承担举证责任。对代理权发生争议的，由主张有代理权一方当事人承担举证责任。

《民事证据规定》第 6 条规定：在劳动争议纠纷案件中，因用人单位作出开除、除名、辞退、解除劳动合同、减少劳动报酬、计算劳动者工作年限等决定而发生劳动争议的，由用人单位负举证责任。此项司法解释对劳动争议纠纷案件中的举证责任分配作了规定。有观点据此认为劳动争议案件实行举证责任倒置，即将本应由劳动者承担的举证责任倒置给用人单位承担，并将此类案件定性为劳动者不服用人单位决定而产生的劳动争议案件。该结论显然是建立在劳动者和用人单位的诉讼地位恒定，即劳动者总是原告，用人单位总是被告之预设这一基础上的。在审判实践中，劳动者为原告，用人单位为被告固然最为常见，但并非总是如此。具体讲来，当劳动者因用人单位作出开除、除名、辞退、解除劳动合同、减少劳动报酬、计算劳动者工作年限等决定而与用人单位发生劳动争议时，通常情况下，确实是劳动者以用人单位为被告将其诉至法院，但并不排除用人单位以劳动者为被告提起诉讼尤其是提起确认之诉的情形。上述场合，作为原告，用人单位必然要对其所提诉讼请求赖以成立的法律要件事实予以举证，此种情形下便谈不上存在举证责任倒置的问题。因此单纯认为因用人单位作出开除、除名、辞退、解除劳动合同、减少劳动报酬、计算劳动者工作年限等决定而发生劳动争议的案件由用人单位承担举证责任为举证责任倒置规范的观点是不妥当的。

（四）法官的自由裁量

法官的自由裁量权是指法官在审理案件当中，在法律没有明确具体规定的情况下，根据法律的基本原则和精神，结合案件的实际情况，对案件事实和法律适用作出正确的判断，使得案件可以公正地处理。法官在证明责任分配中行使的自由裁量权的依据是《民事证据规定》第7条，根据条文所述我们对该自由裁量权的行使可以这样理解：首先，法律和司法解释对证明责任分配有明确规定的，应当严格按照成文法分配举证责任；其次，如果无成文法规定，法官亦无法从条文中理解分析出立法者意图，法官可以适用自由裁量权分配证明责任，这种情况往往是极少发生的。本条所称的法律既包括实体法也包括程序法。自由裁量并非不受法律约束，也非任意妄为的裁量，而是要根据法律的基本原则，依据案情和公平正义的基本要求，进行综合的判断利益权衡，并考虑法律所规定的应当考虑的要素，作出符合立法目的的裁量。这种裁量权在面对法律空白或者在个案中平衡法律价值具有很好的作用，但这种自由裁量权必须严格加以限制，不允许法官任意使用，否则会可能造成同案不同判，对法律条文的本身规定也会造成冲击。

法官分配自由裁量权存在的必要性。第一，法律的制定具有滞后性特征。法律的制定可以体现对成熟制度的反映，但其对制定以后发生的事情不可能作出事无巨细的规定。虽然绝大多数证明案件可以采用法律要件分类说分配举证责任，这也是得到公认的，但由于民事案件错综复杂，仅仅根据现有的实体法还不能完全的解决所有的举证责任分配问题，法官不能以法无明文规定而拒绝判决，所以有必要赋予法官自由裁量权进行兜底和补充。第二，该自由裁量权并非法律完全赋予法官可任意行使的权利，它是预先设定前提条件的，自由裁量权仅仅起到例外和补充作用。自由裁量使用的前提是当法律和司法解释已经无法对举证责任分配作出指导，且法官进行自由裁量权的分配，需要根据一定的原则，给予范围的限定，来保证自由裁量权分配最大限度地接近案件的公正。第三，法的最高价值是正义，正义在诉讼中体现出来的就是公平正义。赋予法官证明责任分配中的自由裁量权可以弥补司法不足，保障个案公正，实现整体公平，同时实现实体法的规范目的。法律是立法者平衡各阶层利益关系的，不论是实体法还是程序法都是为了实现一定的社会目的。而机械性地运用司法，并非一定能够实现公正。第四，自由裁量权的行使，可以在一定条件下使裁判最大限度地接近真实。通过诉讼，将双方当事人争议的事实通过举证活动得以还原并根据法律获得裁判结果，是民事诉讼证明活动的理想境界。然而，民事诉讼过程中，当事人的诉讼行为趋利避害，还原客观真实并非易事。就裁判而言，裁判中认定的事实可能与实际的事实不相符。举证责任制度虽然要求法院可以适用结果意义上的举证责任作出裁判，但法律仍然希望建立在裁判基础上的是客观真实。赋予法官在证明责任分配的自由裁量权，可以让掌握证据一方的当事人充分举证。

第十一章　民事证明标准

一、民事证明标准的概念

关于民事证明标准的概念并没有一个绝对统一的定义，学者之间存在有不同的意见。一些学者认为，证明标准、证明要求和证明任务等术语是相同的概念，都是指法律要求当事人在诉讼程序中证明案件事实的程度或标准。有的学者则认为证明要求和证明标准是两个法律概念。证明要求是法律要求证明案件事实达到的程度，证明标准是法律的要求是否得到满足的卡标。学者们关于证明标准的界定各有其侧重点。笔者认为：民事诉讼证明标准是当事人证明到何种程度以及法官审查证据达到何种程度，就可以认定案件事实为真实的标准。这一定义兼顾了当事人与裁判者，较为准确地概括了证明标准的内涵。

二、民事诉讼的证明标准的特征

民事诉讼的证明标准并非完全固定的。证明标准会根据诉讼的种类、诉讼的阶段、诉讼的证明对象而有所区别，呈现出一系列民事诉讼独具特色的特征：

第一，种类性。所谓种类性是指证明标准因民事诉讼、刑事诉讼和行政诉讼的诉讼种类不同而不同。刑事诉讼的证明标准较之另外二者应当是最高程度的证明标准，而民事诉讼的证明标准则为最低标准。究其原因，主要是因为民事诉讼中的当事人并非公安机关、检察机关或其他的国家机关，取证能力是存在不足的，甚至可以说取证能力十分弱小，此时如果我们仍然要求当事人承担与国家机关同样的证明责任是不合理的。同时也因为刑事诉讼、民事诉讼以及行政诉讼的诉讼性质不同。刑事诉讼解决的是有关国家利益、社会利益及被告人人权保护，民事诉讼解决的是平等主体之间的人身和财产纠纷，行政诉讼解决的则是行政主体与行政相对人间的纠纷，解决的重点不同，因而证明标准必须不同。

第二，阶段性。阶段性则是因为民事诉讼纠纷存在不同的诉讼阶段，如起诉阶段、审判阶段和判决阶段。证明标准在一个诉讼的不同阶段应当是不同的。在起诉阶段，证明标准是判断案件是否能被受理，包括对当事人起诉资格和证据进行简要审查。至于证据是否真实，是否胜诉等问题则不进行详尽审查。起诉阶段的证明标准同审判阶段的证明标准的差别，我们从中也能窥见一二。《民事诉讼法》第179条规定强调，当事人在案件再审阶段提交的新证据，审查标准和原审判决的审查与起诉时的证明标准也有所不同。这体现了证明标准阶段性的特点。

第三，模糊性。模糊性的存在是证明标准，或者说是法律规定本身的固有属性。证明标准基于法律规定，是法律所给予案件的客观评价。但是相当部分案件的审理中，案件当事人和法官所持的证明标准观念却是不一样的。同时我们在立法时也不可能将每一种案件、案件的每一种情况的处理统以法律条文的形式规定出来。事实的发现是存在差异的，规则本身也不可能完美解决现实产生的所有问题。我们设置复杂的规则，试图以此来尽可能解决事实认定过程中的差错，但法律本身就具有不可确定性，这种特性事实上掩盖了法官在裁判过程中的内心确信。因此，证明标准在法律规定的界面上存在其模糊性的特征。

三、民事诉讼的证明标准的制度价值

民事诉讼拥有独特的多重纠纷解决机制，而民事诉讼也存在其独特的起诉机制，即不告不理原则。民事诉讼解决的是平等主体之间的人身和财产纠纷。而在公民之间、公民和社会组织之间的矛盾和纠纷的审理和裁判中，证据的认定是一个十分关键的要素，法院在运用证据对案件事实进行审理时，法官所运用的证明标准就起到了一个至关重要的作用。可以说，民事诉讼中的证明标准在我国民事诉讼司法活动中，在及时解决公民之间、公民和社会组织之间的矛盾和纠纷，妥善处理案件等方面具有不可忽视的重要作用：第一，我们确立一个清晰且完善的民事诉讼证明标准有利于查清案件事实，有利于鼓励法官进行自由心证，积极发挥主观能动性，实现司法的社会价值，使案件纠纷得到正确的处理，更有利于通过正当程序发现真实的法律理念，维护法的权威性。第二，有助于防止诉讼程序的反复和拖沓，如司法实践中时常出现的反复开庭或者久拖不决等问题。民事诉讼中的两个重要的价值就是公正和效率，我们完善证明标准，就是加强对公民的人权保障，也是对民事诉讼法律价值的最好维护。第三，证明标准具有抑制当事人起诉并指示其如何起诉的作用，同时具有促进、引导当事人举证，决定免除证明责任所要达到的证明程度，落实公共政策导向的作用。

四、民事诉讼的证明标准的理论学说

(一) 客观真实说

客观真实一词实际是从大陆法系的"实质真实"一词转化而来的,是指在诉讼程序中审判人员运用证据所认定的案件事实必须符合案件本身的客观真实情况,在裁判中认定的事实就应当是案件本身的客观事实,只有达到如此一个案件才能进行判决。在职权主义模式下的司法制度,通常以客观真实说为指导进行民事审判,即强调人民法院主动调查收集证据,尽可能地查明案件的客观事实情况。客观真实说是一种十分理想主义化的模式,其拥有着独特的积极意义,但也是因为其过于理想主义,所以一定程度上偏离了诉讼实际,不符合实践认知。客观真实说的支持者相信这里存在一个完整的客观真实,并且通过法庭的调查和审理可以发现这一客观真实,从而使案件获得一个公正的判决。

(二) 法律真实说

与客观真实相对的是法律真实,指的是认定案件的真实情况并不必须是客观真实情况,而是法官在诉讼程序中使用证据判定的,并达到了法律规定的标准的事实情况。依据法律真实说,法官认可的案件事实是法官基于当事人提供的证据,依照诉讼程序和证据规则,使用证明标准,对证据进行审查和判断后得到的事实情况。

针对这两种学说,笔者赞成法律真实说。客观真实说虽然曾经主导了民事诉讼的证明标准,因为其支持者相信案件的客观实际情况能够被司法审判所完全发现,即我们能重新案件的客观事实情况,但实际上,我们可能永远也无法到达客观真实。而法律真实说更接近民事诉讼程序，更贴近民事诉讼本身。法律真实原则更接近民事诉讼程序，更符合民事诉讼本身。原因有以下三点：首先，我们说民事诉讼是允许且鼓励相对真实的，因为当事人陈述的民事案件的事实范围实际上是由其本身控制的，法律也承认这种控制是合理的。其次，法官作为人类，认知能力受到当前现实的客观条件制约，对于一个案件的客观事实，我们不可能完全再现，只能依靠现有证据进行合理推测及判断。最后，民事诉讼受到诉讼成本的约束。在诉讼过程中，我们不可能不受时间限制地去研究可疑的情况。我们必须考虑效率问题，毕竟现实的发现是需要支付经济成本的。

五、其他国家的民事诉讼证明标准

（一）英美法系国家的民事诉讼证明标准

英美法系国家大都以盖然性占优势作为民事诉讼证明标准，并且与之相配套的有一套完善的证据规则。英美法系的证明标准的确定主要基于以下一些原因：首先是严谨的当事人主义庭审模式。英美法系独特的诉讼文化背景，使得庭审采用对抗制度，即双方地位平等、权利相同，就所争议的事实各自提供证据进行举证和质证，法官处于中立地位，消极被动，并不参与案件的具体调查取证地位。在这种庭审模式下，双方都必须提供对自己有利的证据，并且尽量说服法官或陪审团，法官只中立判断案件的事实情况。所以当一方的证据占据优势时，法官即可依靠优势证据对案件事实做出判决。其次是普遍的陪审制度。在美国的庭审中，大多数案件都存在陪审团，并且陪审员大部分都来自普通人民群众，没有接受过正规的法学教育。所以当事人要做的证明，仅仅只需要让一个"普通人"接受，让陪审团倾向于相信自己的证据即可，而不必做到像刑事诉讼一样达到排除一切合理怀疑的地步。

（二）大陆法系国家的民事诉讼证明标准

大陆法系国家在民事诉讼中普遍采用的是高度盖然性的证明标准，与英美法系相比，显然要求更高。存在不同的原因主要是由于大陆法系采用的是自由心证主义，法官根据事实和证据形成内心确信。同时，不同于英美法系的当事人主义庭审模式，大陆法系国家通常采用职权主义模式。法官在庭审中并非中立被动，而是依职权主动对案件事实进行调查。在这种情况下，法官依托的不仅仅是当事人双方提供的证据，而是根据自己的调查取得的证据，自然对此要求更高。在德国，法官判案主要依托的是内心确信，高度盖然性只是内心确信的一种辅助。1970 年的安纳斯托西亚案的判决中，尤其体现了法官并非只依赖单一的盖然性进行裁判。案件判决依赖更多的是法官的内心倾向，这种倾向存在着程度上的不同。法官对一个事实拥有越强的心证，就会向一方倾向更大的程度。日本民事诉讼的证明标准，基本上也采用的是高度盖然性的原则。而日本因其人文背景的独特性，对法官心证程度进行了分级。日本学者中岛弘道就将心证的强度分为四级，即微然的心证、盖然的心证、盖然的确实心证、必然的确实心证。除微然的心证之外，在其他三种心证之下，法官可以对案件所证明的事实予以确认。因此，相对于英美法系的优势证据，大陆法系的分层证明制度明显更为精细。这也符合两大法系不同的人文和历史背景。

六、我国民事诉讼证明标准

在过去很长的一段时间里，我国的证明标准是一元制模式，也就是刑事诉讼、民事诉讼、行政诉讼三大诉讼法领域中所适用的证明标准都是一样的，都规定为案件的证明活动中要达到的证明标准为：案件事实清楚，证据确实充分。《民事诉讼法》一直未对民事诉讼的证明标准作出一般性规定，但《民事证据规定》第73条的规定从本证和反证的角度肯定了优势证据原则，国内理论界和司法实务界都普遍认为该条文实际上设定了"高度盖然性"的证明标准。2015年出台的《民诉法解释》）第108条第1款进一步对高度盖然性进行阐明；第108条规定了人民法院对于承担证明责任的当事人提供的证据，只在该待证事实的存在具有高度可能性时，才能认定该事实。但有相反证据提出，使事实处于真伪不明时，则不能认定该事实。本条是从审判人员的角度明确高度盖然性的证明标准。第109条紧随其后首次规定了两个不同层次的证明标准，即欺诈、胁迫、恶意串通、口头遗赠、赠与等事实的证明标准并非高度盖然性，而是需要达到排除合理怀疑的程度，才能认定该事实存在，这实际上是在五种特定事实情况下，特殊地提高了的证明标准。

我国民事诉讼中，高度盖然性的证明标准已经在广义的立法层面上得到确认，在确立高度盖然性的证明标准的进程上已经取得了相当大的进步。但是目前我国民事诉讼证明标准还存在缺陷：第一，混搭的证明标准模糊了刑民界限。正如前文所说，最高人民法院出台的《民诉法解释》已经在民事诉讼领域将高度盖然性的证明标准确立起来。但是一个更大的问题出现了，最高人民法院出于建立多层次的证明体系的目的，在《民诉法解释》中将五种特殊的案件事实的证明标准刻意提高了，即欺诈、胁迫、恶意串通、口头遗赠、赠与等事实的证据从一般的高度盖然性的标准变成了排除合理怀疑。这是我国规定的一个例外，它从立法角度刻意增加了对特殊事项的合理怀疑的需要。我们不禁发出疑问，这种所谓的多层次的证明标准，实质上混搭的证明标准，真的具有合理性吗？真的不会给本就复杂的民事诉讼证明标准蒙上一层灰暗吗？众所周知，民事诉讼证明标准一般为高度盖然性，刑事诉讼证明标准则通常为排除一切合理怀疑。我国在民事诉讼中将民刑二者的标准混搭使用，也是将英美法系和大陆法系标准混杂起来，不由得让人担忧是否会导致隐患，毕竟这样的规定模糊了民刑的界限。我们有理由怀疑这种提高了的证明标准可能加重了当事人的证明负担，甚至在一定程度上可能鼓励了欺诈、胁迫等非法行为。我们是否真的有必要对这五种特殊情况实行特殊标准呢？这一系列的问题迫使我们不得不重新审视第 109 条确立的所谓改进。毕竟证明标准的提高，意味着举证的难度增加，承担证明责任的风险也会增加。第二，高度盖然性词义使用不规范。在民事诉讼的司法实务中，存在不少案件的判决，虽然使用"高度盖然性"一词，但是在具体表述中，仍然没有厘清高度盖然性的概念。第三，高度盖然性本身存在不合理性。诚然，高度盖然性的证明标准拥有着无与伦比的优越性，但也存在一定的缺陷。高度盖然性的证明标准只给了法官一个整体、概括的信念，即这个标准并不像数学题或者物理题那样有着唯一答案。标准本身就充满了模糊性，一个法官如何判断自己把握了这个标准？法官又如何衡量他已达到高度盖然性标准的内心信念？如果没有一个较为一致的衡量标准，那么即使在相同的情况下，判决也会存在很大差异。高度盖然性证明标准通常与法官的自由心证密切联系。心证给了法官相当大的自由裁量权。但是，由于教育、生活经历和社会经验的差异，每位法官的心证也不同。现阶段我国法官素质参差不齐，如何规范法官的自由裁量，这也是一个十分重要的课题。

针对我国民事诉讼证明标准，笔者建议：

第一，确立自由心证制度。"心证"是一个法律专用语。所谓"心证"，实际上是法官对案件事实所形成的内心确信。法官审查证据，并依靠自己对案件事实的理性思考，最终形成法官对案件事实的内心判断。当这个内心判断达到一定强度，就形成了心证。我国《民事证据规定》第 64 条规定，审判人员依照法定程序进行逻辑推理后，要对证据能力进行独立判断，并且公开判断的理由和结果。虽然我国一直未明确提出自由心证，但实务界大多认为第 64 条实际上确立了自由心证。同时，由于法官的这种判断是由法官自己本人的裁量，在整个过程中是独立作出的判断，是自由的判断，因此这种内心确信也被称为"自由心证"制度。在民事诉讼的证明中，法官在认定案件情况时运用"高度盖然性"的证明标准，事实上也是法官"自由心证"的判断过程，法官在进行法庭质证时，对证据能力进行判断，而这种判断过程同时也是法官自己形成合理的内心确信的过程。对于"高度盖然性"的证明标准，其运用的关键在于法官自由心证，使得法官的内心确信具有合法性与合理性，从而为判决提供强有力的说服力。自由心证制度作为民事诉讼证明活动中的一项极为重要的制度，在民事诉讼理论研究和司法实践中起着不可替代的重要作用。因此我们必须坚持自由心证制度。

第二，量化高度盖然性证明标准。建立高度盖然性的证明标准并不等同于建立完全统一民事诉讼证明标准，更不等于在所有的案件中都适用同一个证明标准。因为如果这样，很可能导致当事人产生懈怠情绪，不积极地履行举证义务。同时对于一些较为特殊的案件的证明标准的降低，变相地使当事人证明义务减轻，导致法官的自由推理权扩张，增加司法的不稳定性，从而导致司法不公现象的产生。因此在一些简单的事实相对清楚、证据较为充分的民事案件中适用高一层次的客观真实证明标准。而对那些疑难的、事实模糊的、证据较难收集的案件适用低一层次的高度盖然性证明标准。对于证明标准的量化学术界也存在两种不同的观点：一种是以何家弘先生为代表的肯定说。何家弘先生认为中国可以构建一个可操作的证明标准。他认为中国目前已经具备条件确立这样的量化性的民事诉讼证明标准。而另一种观点是以张卫平先生为代表的否定说。他认为可操作的证明标准的建立只能是理想化的假设。中国当前的法制环境还无法制定一套具有可操作性的量化的证明标准，法官判决依旧取决于法官个人判断。针对这两种观点，笔者支持第一种何教授的观点，即我们能够建立一个可操作的标准证明，并且这个标准还可以被我们进行量化。笔者认为可以仿照德国和日本的模式，将证明标准进行划分。法律可以规定通过判断案情复杂程度以及取证和举证的难度，对不同的民事案件进行分类，分别适用可能的盖然性、非常可能的盖然性、极度可能的盖然性三个层次。

第三，完善配套的证据规则。《民事证据规定》虽然已经规定了一些证据规则，如关于证人作证、举证时限、证据证明力等，但还是存在一定的不足。《民事证据规定》第 71 条规定从本反证角度规定了如何判断证据的证明力，第 77 条则规定了数个证据对同一事实的证明力的认定原则。从这几条规定中我们不难看出，这些证据规定实际上是一种相当抽象化的证明标准。这种标准带来的后果就是缺乏具体的可操作的规定，判决案件几乎完全依靠法官自由心证，极易出现冤假错案，甚至导致法官不敢认可证据，客观上否定了一些证据的合理性。对此，笔者认为可以从英美法系国家的相关制度入手，制定一套完整且具有可操作性的，符合中国国情特色的证据规则。要在根本上保证高度盖然性的证明标准的正确应用，就必须配套完善的证据规则。

第四，提高法官素质。要正确适用"高度盖然性"标准，还要考虑"操作人"，即法官的素质问题。毕竟标准是死的，要想标准发挥作用，最终依靠的是法官在审判中的适用。所以我们必须重视法官队伍的建设，遵从党的十八大报告中所提出的，法官队伍要走一条职业化、专业化的道路。但是目前我国法学教育现状是不容乐观的，国内几乎所有高校都开设了法学院，并且通过成人高校、自学考试等方式也一样可以获得法学本科学历。这不管是在英美法系国家还是大陆法系国家都是难以想象的，毕竟外国地区的法学院是高层次人才聚集地，而我国现状导致法学人才素质参差不齐。但是也不必气馁，2018年修订的《中华人民共和国法官法》会在一定程度上促进法官素质，特别是业务素质的提高。

第十二章 法院收集证据和证据保全

一、法院收集证据

  法院收集证据，是指人民法院的审判人员依职权按照法定程序，发现、提取、收集和保全证据的活动。由于当事人是民事纠纷的实际参与者，不仅了解案情，而且会保存或掌握与纠纷有关的证据，因此，当事人是承担收集证据责任的主要主体。我国《民事诉讼法》又规定：当事人对自己提出的主张，有责任提供证据，但是当事人及其诉讼代理人因客观原因不能自行收集的证据，或者人民法院认为审查案件需要的证据，人民法院应当调查收集。由此可以看出，我国民事诉讼法虽然规定了当事人收集证据的制度，但同时也规定，在特殊情况下当事人无法收集证据或人民法院认为有必要依职权收集证据时，也赋予了人民法院在一定范围内调查收集证据的权力。

  法院收集证据分为两种情况。一是根据当事人的申请收集的证据：①证据由国家有关部门保存，当事人及其诉讼代理人无权查阅调取的；②涉及国家秘密、商业秘密或者个人隐私的；③当事人及其诉讼代理人因客观原因不能自行收集的其他证据。二是法院依职权收集的证据：①涉及可能有损国家利益、社会公共利益的；②涉及身份关系的；③涉及民事诉讼法第 55 条规定诉讼的；④当事人有恶意串通损害他人合法权益可能的；⑤涉及依职权追加当事人、中止诉讼、终结诉讼、回避等程序性事项的。

《民事证据规定》对于人民法院收集证据有如下要求：首先，人民法院收集和调查证据必须按照法定程序进行。具体而言应做到以下几个方面：①收集和调查证据应由审判员主持，两人以上共同进行。②调查要写明调查人、被调查人、记录人、调查的时间、地点、原因、经过和结果，不受当事人提供证据范围的限制。③从有关单位摘抄的证明材料，应说明摘抄材料的名称、出处并由有关单位盖章。④收集的书证应当是原件，物证应当是原物；收集原件和原物有困难的，可以收集复制品、照片、副本、节录本。其次，人民法院在收集和调查证据的同时，还应注意的以下几个问题：①调查人员调查收集的书证可以是原件，也可以是经核对无误的副本或者复制件。是副本或者复制件的应当在调查笔录中说明来源和取证情况。②被调查人提供原物确有困难的可以提供复制品或者照片。提供复制品或者照片的应当在调查笔录中说明取证情况。③调查人员调查收集计算机数据或者录音、录像等视听资料的应当要求被调查人提供有关资料的原始载体。提供原始载体确有困难的可以提供复制件。提供复制件的调查人员应当在调查笔录中说明其来源和制作经过。

二、证据保全

证据保全又称为保全证据，是指人民法院在起诉前或在对证据进行调查前，依据申请人的申请或当事人的请求，或者依职权对可能灭失或今后难以取得的证据，予以固定和保存的行为。人民法院解决民事纠纷，认定案件事实是必不可少的环节，认定案件事实必须依靠证据。由于民事案件的事实是过去发生的事实，民事案件的起诉、审理直至判决需要一个过程，所需的证据可能会由于没有及时地收集而因人为或客观的原因灭失或难以取得，于是为了维护当事人的合法权益，为了人民法院公正审理民事案件，需要采取一定的措施，将可能灭失或以后难以取得的证据固定或保存下来，因此有必要建立这样一套保全证据的制度。证据保全有两种方式：一种是诉前证据保全，它是指起诉前由申请人向人民法院申请对证据进行保全的行为，也可以向公证机关申请，采用公证的形式对证据进行保全。另一种诉讼证据保全，就是在民事诉讼中人民法院对证据采取的固定和保存行为，依据是我国《民事诉讼法》规定：在证据可能灭失或者以后难以取得的情况下，诉讼参加人可以向人民法院申请保全证据，人民法院也可以主动采取保全措施。

根据我国《民事诉讼法》的规定，证据只要具备如下条件，申请人或诉讼参与人即可申请法院采取证据保全措施，法院也可以主动进行证据保全：①证据有灭失的可能。如证人因衰老、疾病有死亡的可能，将来作为证据的物品容易腐坏、变质等。②证据将来有难以取得的可能。例如，证人将要出国。虽然难以取得不等于无法取得，但会影响案件的及时处理，甚至影响办案的质量，因此应当及时保全。③证据的保全应在开庭前进行。不得迟于举证期限届满前七日。因此，证据保全也应在开庭前完成。如果是属于在庭审期间新发现的证据，可以直接向人民法院提供或由人民法院收集，没有必要进行证据保全。上述情况，只要具备其中之一，就可采取保全措施。诸如证人证言、物证、书证等都可能成为保全的对象。

证据保全一般因诉讼参加人或申请人提出申请而采取保金措施，但人民法院认为有必要采取证据保全措施的，也可以依职权主动进行。当事人依据该规定向人民法院申请保全证据的，不得迟于举证期限届满前 7 日。当事人或诉讼代理人向人民法院提出证据保全的，通常应提出书面申请，并在申请书中必须写明申请保全证据的形式、内容，证据存在地点，以及这个证据能证明什么事实和申请保全证据的原因和理由。另外，对于诉讼前向公证机关提出证据保全申请的，可依照有关公证程序进行。公证机关采取证据保全措施时只能依照申请人的申请进行，不能依职权主动采取证据保全措施。当事人申请保全证据的，由人民法院审查决定是否准许证据保全。如果人民法院接受了当事人关于证据保全的申请，就应作出准许保全的裁定，并要在裁定中指明应保全那种证据，以及在什么时间、什么地点、用什么方法实施保全。人民法院可以同时要求当事人提供相应的担保。《民事证据规定》第 24 条规定：人民法院进行证据保全可以根据具体情况采取查封、扣押、拍照、录音、录像、复制、鉴定、勘验、制作笔录等方法。因此，保全证据的方法，可根据证据的不同形式，采取不同的措施。例如，对书证，可以复制拍照；对物证，可以录像、拍照、制作勘验笔录；对证人证言，可以预先询问、制作笔录、录音、录像等，不管采取何种方法，均应客观、真实地反映证据情况。同时，人民法院在进行证据保全时，可以要求当事人或者诉讼代理人到场。保全证据的材料，由人民法院存卷保管，以备将来使用。

第十三章　证明程序

一、举证

举证就是民事诉讼法当事人出示证据，证明案件事实的诉讼行为。当事人举证的方式有实际提交证据和向法院申请调查取证两种方式。

当事人举证应当有时间的限制，这就是举证时限。对于举证是否有时间限制历来有不同观点。一种观点认为：当事人所提供的证据具有真实性、关联性、合法性，法院就应当采纳，这就是理论界所说的证据随时主义。但是学者们一般认为，证据随时提出主义会造成严重的证据突袭，诉讼效率低下，无法平等保护各方当事人的后果，应当撤弃这种制度。另一种观点认为，民事诉讼中当事人证据的提出应当有时间限制，逾期举证应当承担一定的法律后果，这就是理论界所说的证据适时主义。其理由是：首先，民事诉讼中规定举证时限制度在我国民事诉讼法中可以体现民事诉讼的公正的价值。公正在法律层面可分为实体公正和程序公正，二者的结合一直是古今中外的法学家们极力追求的结果。程序公正的目的是确保实体公正，然而实践中由于案件的纷繁复杂，无法保证每个案件的审理最终都能够完美还原其客观真实从而达到实体公正。考虑到诉讼程序和诉讼过程的独立性及诉讼安定的要求，在获得实体公正的概率方面，正当程序远高于非正当程序，且前者的诉讼成本更小，故不应过于追逐个案的实体公正而忽视程序公正。诉讼中，双方当事人都拥有平等的攻击和防御机会，即在公平公正的基础上各自进行举证和答辩。作为程序公正的载体，举证时限制度从规则层面对双方当事人的举证进行规制，尽量平衡双方当事人的攻防手段。其次，民事诉讼中规定举证时限制度在我国民事诉讼法中可以体现民事诉讼的效率的价值。衡量举证时限制度的效率价值就是对证据的搜集、采纳以及排除进行经济学方面的统筹。按照"成本—收益"的方法，在条件一定的状况下，利用尽可能低的成本来实现最大化的收益。此处所谓的成本，即是案件的公正；所谓的收益，即是案件的效率。在确保案件公正的前提下，能够尽可能小地消耗司法资源，即是取得了较高的结案效率。诉讼经济原则是举证时限制度的基础，举证时限制度的效率价值主要体现在如下两个方面：一方面，举证时限制度明显降低了诉讼成本。从司法资源的投入来看，举证时限制度要求当事人在举证期限内集中履行举证义务，便于法院尽快明确当事人所能提供的证据种类和数目，对当事人确因客观原因无法提供对查清案件事实有关键作用的证据，法院可以及早开出调查令为当事人取证提供方便或者依职权调取。同时，举证期限内当事人举证完毕，也使得法院做好庭前审理准备工作成为常态，便于法院一次开庭查清案件事实，不致因当事人随时提出证据而重复开庭；从当事人的诉讼成本投入来看，若当事人选择诉讼的成本过高，则其将不得不放弃通过诉讼的途径解决纠纷。在讨论审判应有的作用时不能无视成本问题。因为无论审判能够怎样完美地实现正义，如果付出的代价过于昂贵，则人们只能放弃通过审判来实现正义的希望。举证时限制度明确了当事人的举证期限，并对逾期举证规定了不利后果，使得当事人尽可能集中举证，从而大大节约了当事人的诉讼成本。另一方面，举证时限制度极大推进了诉讼进程。长久的裁判是恶的裁判，诉讼过分迟延等同于拒绝裁判。我国民事诉讼普通程序审限为 6 个月，简易程序审限为 3 个月，而新规定的小额诉讼程序审限只有 1 个月。从民事诉讼法修改的趋势看，立法者显然也考虑到当前案件数量逐年递增的实际，意图将大量简单案件从快从速处理。民事诉讼中，若当事人进行证据突袭，而对方当事人又主张答辩期，则诉讼只能被无奈地拖延下去。特别是在当事人恶意诉讼以争取时间的情况下，该种情形体现更为明显。若当事人迟迟无法得到确定的案件结果，则长此以往诉讼将失去公众信任，当事人在纠纷解决的选择中将不得不摈弃诉讼途径。举证时限制度的优势不仅在于宣告逾期提供的证据失权，更在于案件双方当事人能够公平了解对方当事人的"底牌"，从而对诉讼前景作出理智预测。

　　从我国民事诉讼法立法对于举证时限的规定也经历了一个漫长的过程。我国最早对民事诉讼举证时限做出规定的是最高人民法院 1992 年颁布的《最高人民法院关于适用〈中华人民共和国民事诉讼法〉若干问题的意见》，该意见第 76 条首次明确了当事人的举证存在期限，并将期限的具体长短交由法院自由裁量，即法官"根据具体情况"决定"延长的期限"。但对于当事人逾期提供证据的后果以及"合理期限"的具体限定，该规定并未涉及，故该规定可说是我国举证时限制度的雏形。《民事证据规定》集中对民事诉讼的证明问题进行了阐述，其中第 33 条和第 34 条对民事诉讼举证时限的种类、开始的方式、时间长短以及逾期举证的后果做了较为具体的规定，即当事人应当在举证期限内进行举证，超过举证期限举证的，法院对此不组织质证，除非对方当事人同意。故当事人的举证受到了一定的期限限制，且逾期举证将导致证据失权的后果。可以看出，此时最高人民法院在民事诉讼的举证方面选择了证据法定顺序主义，即当事人的诉讼行为，必须依照法律规定的顺序进行，不根据法律规定的顺序提出的，不产生相应的法律效力。此种规定在兼顾司法公正的基础上偏向效率，为民事诉讼的顺利进行提供了有利条件。我国 2007 年修订的《民事诉讼法》虽未明确规定举证时限制度，但从其中的分散规定可以看出我国实行的是证据随时提出主义。其在第 125 条规定，当事人在法庭上可以提出新的证据。同时，第 132 条关于延期审理的情形包括"需要通知新的证人到庭，调取新的证据，重新鉴定、勘验或者需要补充调查的"。因此，当事人不仅在起诉阶段可以提出证据，在开庭前后均可以进行举证。值得注意的是，此处的"新的证据"，并不限于当事人新发现的证据，而是包括当事人起诉后庭审前未提供的证据。因此，当事人的举证可以在案件审理的多个阶段，且不受庭审的限制。2007 年的《民事诉讼法》与最高人民法院的司法解释在民事诉讼举证时限方面有诸多矛盾之处，前者对当事人提出证据的期限限制极为宽松，允许当事人"在法庭上提出新的证据"，并可以因"调取新的证据"而延期审理；相比之下，最高院的司法解释就显得严厉许多，虽然举证期限可以由当事人协商并经法院认可，然而一旦超过该期限的举证，除非对方当事人同意，法院将不再组织质证。而实践中对方当事人出于自身的诉讼利益考虑，极少会同意质证对方当事人延期提供的证据，故一旦举证延期，基本就会面临证据失权的后果。二者具体规定的冲突可以看出立法者在立法思路上的摇摆。2012 年，我国《民事诉讼法》再次修改，修改的《民事诉讼法》专门用一个条文规定了民事诉讼举证时限制度，不能不说是一个巨大的进步。相比 2007 年《民事诉讼法》，2012 年《民事诉讼法》第 65 条对当事人的举证时限增加了限制性规定并明确了逾期后果。具体规定是：除当事人协商约定的举证期限外，法院应当在审理前的准备阶段确定当事人的举证期限。适用第一审普通程序审理的案件，法院确定的举证期限不得少于

15 日。在第二审程序中，如果当事人提供了新的证据，法院确定的举证期限不得少于 10 日。简易程序案件，法院确定的举证期限不得超过 15 日。当事人由于客观原因未能在举证期限届满前提交证据，经申请并由法院准许后，适当延长举证期限的情形。延长举证期限应当在举证期限届满前向法院书面提出。举证期限届满后，因出现了特殊情形，法院为当事人重新确定举证期限。举证期限届满后，当事人对已经提供的证据，申请提供反驳证据或者对证据来源、形式等方面的瑕疵进行补正的，法院可以酌情再次确定举证期限。逾期举证的法律后果是：①说明理由并提供相应的证据。当事人逾期提供证据的，法院可以责令其说明逾期提供证据的理由，必要时还可以要求其提供相应的证据。②证据失权。当事人因故意或者重大过失逾期提供的证据，将直接导致该证据不能作为定案根据。③按妨害民事诉讼行为予以训诫、罚款。当事人逾期提供的证据与案件基本事实有关，法院在采纳后，将依照民事诉讼法的有关规定对其予以训诫、罚款；非因故意或者重大过失逾期提供的证据，法院在采纳后，将对其予以训诫、罚款。④承担经济赔偿责任。2015 年《民诉法解释》第 101 条规定：当事人逾期提供证据的，人民法院应当责令其说明理由，必要时可以要求其提供相应的证据。当事人因客观原因逾期提供证据，或者对方当事人对逾期提供证据未提出异议的，视为未逾期。第 102 条当事人因故意或者重大过失逾期提供的证据，人民法院不予采纳。但该证据与案件基本事实有关的，人民法院应当采纳，并依照民事诉讼法第 65 条、第 115 条第 1 款的规定予以训诫、罚款。当事人非因故意或者重大过失逾期提供的证据，人民法院应当采纳，并对当事人予以训诫。当事人一方要求另一方赔偿因逾期提供证据致使其增加的交通、住宿、就餐、误工、证人出庭作证等必要费用的，人民法院可支持。这些规定进一步完善了举证时限制度。

二、证据交换

证据交换是指在庭审之前，法官组织当事人双方将各自持有的证据材料与对方进行交流的诉讼活动，目的是整理争议点、固定证据材料、防止证据突袭。目前证据交换不是民事诉讼的必经程序，一般适用于以下情况：证据较多或者复杂疑难的案件。此类案件在答辩期届满后、开庭审理前，由法院组织双方当事人进行证据交换或当事人申请证据交换。

证据交换的时间可以由当事人协商确定，也可以由法院指定。当事人协商确定证据交换的时间须经过法院认可。证据交换的时间不能长于举证期限。法院组织当事人进行证据交换的，证据交换之日就是举证期限届满之日。证据交换应当在法官的主持下进行，证据交换一般不超过两次，但重大、疑难和案情特别复杂的案件，法院认为确有必要再次进行证据交换的除外。

三、质证

质证是指在法院主持下当事人在诉讼过程中，双方采用询问、辨认、质疑、辩驳等核实方式对对方当事人提出的证据进行质辩的活动。质证有广义和狭义两种含义。广义上的质证是指在整个诉讼过程中对对方当事人的证据进行质证的活动；狭义上的质证是指在庭审过程中，对对方当事人在法庭上出示的证据进行的对质、核实的活动。在我国民事诉讼立法和司法解释中质证主要指的是狭义上的质证。质证的目的是就证据的可采性和证明力对法官心证产生影响，使法官能够判定证据力和证明力。根据我国《民事诉讼法》规定：证据应当在法庭上出示，并由当事人互相质证。质证是我国民事诉讼程序中的重要一环，也是诉讼正当程序的重要标志。质证制度的设立有助于审判的公正，并且是约束法官恣意审理的有效机制。

质证具有以下几个特点：第一，质证是当事人法定的诉讼权利。质证是法律明确规定的当事人重要的诉讼权利，质证保证了当事人对于诉讼的参与性。通过质证当事人可以充分表达自己对于案件证据材料的看法和意见，从而对审判的结果可以产生实质性的影响，使审判的结果更具有可接受性和公正性。第二，质证是人民法院事实认定的前提，也是审查和判断证据证明力的基础。在民事诉讼中当事人收集和提交的证据材料真伪并存，人民法院只有在证据材料查证属实时，才能作为认定案件事实的根据。为了使证据材料转化为证据，只有充分发挥庭审质证的作用，排除与案件事实无关的、虚假的和非法收集的证据材料。然后，在此基础上对于证据的证明力进行分析和判定，以帮助法庭查明案件的事实，作出正确的裁判。第三，质证的主体必须是双方当事人，并且只能以言词方式进行质证。质证的主体也有广义和狭义之分。广义的质证主体是将质证作为一种法庭调查的方式来进行的划分，其中包括当事人、法院和其他诉讼参与人。狭义的质证主体是从诉讼权利角度进行的划分，仅限于双方当事人，我们这里所指的质证的主体是指狭义的质证主体。因此只包括双方当事人。强调双方当事人的亲自参与和以言词方式质证是民事诉讼直接原则、言词原则的具体体现，也民事诉讼法对于质证的具体要求。

由于各国法律文化、历史传统以及习惯的不同，在大陆法系和英美法系各自形成了不同诉讼程序模式。在不同程序模式中，由于法官所处的地位以及发挥的作用的不同，形成了属于大陆法系的讯问制诉讼模式和属于英美法系的对抗制诉讼模式。由此而产生了在质证程序中完全由当事人之间进行并为当事人控制的英美法系的质证模式和以法官为主导的大陆法系职权主义的质证模式。英美法系的质证模式是以证人证言为中心的审判体制。其采用直接询问和交叉询问的方式进行质证，直接询问是这种质证方式的前提和基础，交叉询问则是其核心所在。质证的阶段和程序分散在证据开示、审前会议和庭审三个阶段中。证据开示程序是处理质证中的技术性问题，审前会议明确和限制质证的范围，庭审阶段通过直接询问和交叉询问进行质证。在这种以当事人主义为主要特征的程序模式下，质证程序完全由当事人控制，法官处于一种消极的地位，仅为质证程序的组织者。双方当事人通过直接询问或交叉询问对证据的真实性、关联性和合法性提出疑问，有助于法官正确判断证据的真伪，确定案件的事实真相。在大陆法系的质证模式中采用的是法官为主，当事人为辅的询问方式，即大陆法系一般是由法官先向证人进行提问，由证人对案情事实进行陈述。双方当事人及其律师只有在法官提问完毕后，经法官允许才能向当事人进行补充询问。对于是否可以采用交叉询问的质证方式也是由法官来决定的。因此，大陆法系与英美法系相比，大陆法系是由法官支持质证活动并始终指挥质证活动的进行，当事人则始终处于消极和被动的地位。因此大陆法系质证的程序也称为职权主义的质证模式。

两大法系不同的质证模式各有优缺点。当事人主义的质证模式下为当事人双方提供了广阔的询问空间和余地，但容易造成诉讼的拖延；大陆法系的职权主义的质证模式容易使法官先入为主，不利于事实真相的发现。

我国质证程序的模式长期以来体现出比较强的职权主义色彩，这使得法官在庭审前的调查和阅卷中就往往对案件的事实和证据形成了预决，在一定程度上助长了法官的"先入为主、先定后审"，这往往带来对于当事人的相互质证的忽视。因此，我国的质证制度在我国并未发挥其应有的程序价值和作用。我国质证模式的选择上，应结合两大法系诉讼质证模式的优势。首先，应当发挥质证中当事人主义质证模式的优势，提高质证的程序价值和功能。其次，必须始终坚持法官对当事人质证程序的组织和控制，以免放任当事人质证造成的英美法系的诉讼迟延的弊病。

质证的主体是当事人及其诉讼代理人。当事人包括原告、被告、第三人以及诉讼代表人。质证的客体包括双方当事人向法庭提供的各种证据和法院依职权调查收集的证据。具体包括在法庭上出示的当事人陈述、书证、物证、视听资料、电子数据、证人证言、勘验笔录和鉴定意见。就具体案件而言，质证的证据仅仅是当事人有争议的在法庭上出示的证据。根据最高人民法院《民事证据规定》第 39 条规定：在证据交换过程中，审判人员对当事人无异议的事实、证据应当记录在卷；对有异议的证据，按照需要证明的事实分类记录在卷，并记载异议的理由。通过证据交换，确定双方当事人争议的主要问题。第 47 条第 2 款规定：当事人在证据交换过程中认可并记录在卷的证据，经审判人员在庭审中说明后，可以作为认定案件事实的依据。因此，并非所有的证据都必须经过质证，对于当事人无异议的证据，不用在法庭上质证。另外，对于对方当事人自认或不予反驳的证据也不需要质证。

法庭上进行质证的证据并不一定要在公开开庭时出示，下列证据不得在开庭时公开进行质证：①涉及国家秘密的证据；②涉及商业秘密的证据；③涉及个人隐私的证据；④法律规定的其他应当保密的证据。对书证、物证和视听资料进行质证时，当事人有权要求出示该证据的原件或原物。但有下列情况之一的除外：①出示原件或者原物确有困难并经人民法院准许出示复制件或者复制品的；②原件或者原物已不存在，但有证据证明复制件、复制品与原件或者原物一致的。

法院应当组织当事人围绕证据的真实性、合法性以及与待证事实的关联性进行质证，并针对证据有无证明力和证明力大小进行说明和辩论。质证按下列顺序进行：①出示证据。出示的证据应当以原物、原件为原则。②证人证言、鉴定意见的出示应当坚持证人、鉴定人亲自出庭原则，只有在确有困难不能出庭时，经法院许可后，可以用提交书面证言或视听资料的方式替代出庭。出示证据是由原告先开始，被告进行质证；被告出示证据，原告进行质证。如有第三人参加诉讼的，第三人可以对原告或者被告出示的证据进行质证。出示证据是法院调查收集的，由原告、被告和第三人进行质证。根据《民事证据规定》第 51 条规定：质证应按下列顺序进行：A. 原告出示证据，被告、第三人与原告进行质证；B. 被告出示证据，原告、第三人与被告进行质证；C. 第三人出示证据，原告、被告与第三人进行质证。③辨认证据。经过辨认后，对当事人没有异议的证据，可以记录在案，无须作进一步的质证；对当事人有异议的证据，应当允许提出质疑。④对证据质疑和反驳。当事人对出示的证据，可以针对证据的客观性、关联性与合法性提出具有说明理由的质疑，被质疑方对质疑方可以提出反驳意见。当事人之间的质疑和反驳可以反复进行，法官也可以对当事人进行询问。质证既可以一证一质，逐个进行，也可以将多个证据综合起来进行质证。

人民法院调查收集的证据，大致可分为两类：第一类是人民法院依照当事人申请调查收集的证据。对于这类证据应作为提出申请的一方当事人提供的证据。第二类是当事人没有申请人民法院调查收集的证据，但人民法院依职权调查收集的，这类证据也应当在庭审时出示，听取当事人意见，并可就调查收集该证据的情况予以说明。这里应值得注意的是，即使是对人民法院收集调查的证据进行质证时，法官本身也不是质证的主体。因此法官不应与当事人进行辩驳和冲突，以免使得法官丧失中立性和公正性。对于该证据的质证仍是在当事人之间进行，法官只起到说明和解释的作用。另外，一个案件如果有两个以上独立的诉讼请求时，当事人可以逐个出示证据进行质证。对于证人、鉴定人和勘验人的质询，根据我国最高人民法院《民事证据规定》，审判人员和当事人可以对证人进行询问。证人不得旁听法庭审理。询问证人时，其他证人不得在场。人民法院认为有必要的，可以让证人进行对质。鉴定人应当出庭接受当事人质询。鉴定人确因特殊原因无法出庭的，经人民法院准许，可以书面答复当事人的质询。当事人有权向证人、鉴定人和勘验人发问，但询问不得使用威胁、侮辱及不适当引导证人的言语和方式。对于专门性问题，当事人可以向人民法院申请一至二名具有专门知识的人员出庭就案件专门性问题进行说明，其费用由提出申请的当事人负担。审判人员和当事人可以就出庭的具有专门知识的人员进行询问。经人民法院准许，也可以由当事人申请的具有专门知识的人员就有关案件中的问题进行对质。具有专门知识的人员也可以对鉴定人进行询问。法庭应当将当事人的质证情况记入笔录，并由当事人核对后签名或者盖章。

四、认证

所谓认证又称为认定证据，是指人民法院的审判人员在诉讼参与人的参加下，就当事人举证、质证、法庭辩论过程中所涉及的与待证事实有关联的证据进行查证和核实，以确定案件全部证据证明力的活动。认证不但是对证据的证明力进行的审查和认定，而且还包含了对证据是否可采信以及如何采信的内容。当事人举证、质证以及法官认证是一环紧扣一环的诉讼过程。在认证这一阶段要确认证据的能力和判定证据力的大小和强弱。

认证与举证和质证相比，具有以下特点：首先，举证和质证是认证的前提和基础。举证、质证和认证三者密不可分，其中举证是质证的基本前提，而举证与质证则是认证的共同的前提和基础。其次，认证是审判人员的审判活动一部分，举证和质证则主要是当事人诉讼行为。前者与后者是当事人的诉权与审判权的有机结合。再次，举证与质证是当事人在诉讼程序中一种对抗的、动态的诉讼活动，认证是法官中立的静态的审判活动。

法院在对当事人举证质证的证据在进行认证的时候，首先要考虑证据能力和证据的证明力。证据能力是指某一证据材料在诉讼上可被容许采纳为认定案件事实根据的一种法律上的资格，大陆法系称之为证据资格，英美法系则称为证据的可采性。然而，证据的可采性与有无证据能力有时并非完全一致。凡无证据能力，便无容许其为证据的资格；虽有证据能力，有时因审判人员的审查判断，如认为已有充分的证据、立证价值甚微或已无必要时，也不得予以容许或采纳为诉讼上的证据。证据的证明力，或称证据力，是指证据能够证明案件事实的能力。证据的证明力体现的是证据在证明待证事实方面的作用大小与强弱、份量与程度。证据的证明力是由证据的真实性与关联性确定的。从发展历史来看，证据的证明力的确定经历了"法定证据原则"到"自由心证原则"的演变。证明力的认定是审判人员的职能所在。但是，即使在现代也还保留着由法律直接规定证明力有无及大小的做法。证据能力与证据证明力具有相辅相成的关系：证据能力是证明力的前提基础，有证据能力的证据才有证明力可言，凡有证明力的证据，在证据能力上均具有适格性。当事人对证据能力和证明力的质疑，既不存在孰先孰后的问题，也不存在互为前提的问题。审判人员对证据能力的审查判断属于对证据形式要件进行的审查判断，而对证据证明力的审查判断属于对证据的实质要件进行的审查判断。二者的统一构成了审判人员对证据进行审查判断的完整内容。总之，对证据能力的采证属于形式要件的认定，它涉及证据的合法性；对于证据证明力的采证属于实质要件的认定，它涉及证据的客观性与关联性。

法官认证应当坚持的原则：认证法官依法独立判断证据原则。我国《民事诉讼法》规定，人民法院应当依照法定程序，全面客观地审查判断证据。我国之所以强调依法全面客观地判断证据，这与过去对大陆法系国家自由心证主义的批判是分不开的。过去我们认为自由心证是主观的、唯心的东西，认为它助长了法官判断证据的恣意性，是伪善的。但是现代自由心证主义强调法官心证客观化和合理化，即在公开判决理由和结果的同时，依据合理的经验法则对事实进行认定。因此，在反思我国原有立法的基础上，借鉴大陆法系自由心证的理论。最高人民法院《民事证据规定》第 64 条认为，审判人员应当依照法定程序、全面、客观地审核证据，依据法律的规定，遵循法官职业道德，运用逻辑推理和日常生活经验，对证据有无证明力和证明力大小独立进行判断，并公开判断的理由和结果。

认证的程序是：单一证据的认定和案件的全部证据的审查判断是要遵守《民事证据规定》第 65 条和 66 条的规定：首先，单一证据的审核认定可以从下列方面进行：①证据是否原件、原物，复印件、复制品与原件、原物是否相符；②证据与本案事实是否相关；③证据的形式、来源是否符合法律规定；④证据的内容是否真实；⑤证人或者提供证据的人，与当事人有无利害关系。其次，对于案件的全部证据的审查判断应根据《民事证据规定》第 66 条的规定：审判人员对案件的全部证据，应当从各证据与案件事实的关联程度、各证据之间的联系等方面进行综合审查判断。

在诉讼中下列情况下的证据不能加以认定：①在诉讼中，当事人为达成调解协议或者和解的目的作出妥协所涉及的对案件事实的认可，不得在其后的诉讼中作为对其不利的证据；②对以严重侵害他人合法权益、违反法律禁止性规定或者严重违背公序良俗的方法形成或者获取的证据，不得作为认定案件事实的根据。下列证据不能单独作为认定案件事实的依据：①未成年人所作的与其年龄和智力状况不相当的证言；②与一方当事人或者其代理人有利害关系的证人出具的证言；③存有疑点的视听资料；④无法与原件、原物核对的复印件、复制品；⑤无正当理由未出庭作证的证人证言。

一方当事人提出的下列证据，对方当事人提出异议但没有足以反驳的相反证据的，人民法院应当确认其证明力：①书证原件或者与书证原件核对无误的复印件、照片、副本、节录本；②物证原物或者与物证原物核对无误的复制件、照片、录像资料等；③有其他证据佐证并以合法手段取得的、无疑点的视听资料或者与视听资料核对无误的复制件；④一方当事人申请人民法院依照法定程序制作的对物证或者现场的勘验笔录。另外，人民法院委托鉴定部门作出的鉴定意见，当事人没有足以反驳的相反证据和理由的，也可以认定其证明力。

对于当事人及其诉讼代理人认可的事实和证据，《民事证据规定》第 74 条和 76 条规定：诉讼过程中，当事人在起诉状、答辩状、陈述及其委托代理人的代理词中承认的对己方不利的事实和认可的证据，人民法院应当予以确认，但当事人反悔并有相反证据足以推翻的除外。当事人对自己的主张，只有本人陈述而不能提出其他相关证据的，其主张不予支持。但对方当事人认可的除外。此外，有证据证明一方当事人持有证据无正当理由拒不提供，如果对方当事人主张该证据的内容不利于证据持有人，可以推定该主张成立。

第十四章　民事证据的适用规则

一、非法证据排除规则

（一）非法证据排除规则的概念

非法证据的概念有广义和狭义两种解释。广义的非法证据，指的是所有不符合证据合法性要求的证据或者说是违法取得的证据，主要有三种形式：①主体不合法的证据；②形式不合法的证据；③程序或手段不合法的证据。而狭义的非法证据，是指证据取得的程序或获取证据的手段不合乎法律的规定，比如用非法拘禁的方法取得欠条，或者以私拆他人的信件为手段获取的证据。我国理论及实务界探讨的非法证据排除主要是针对狭义非法证据而言。

非法证据排除规则发源于西方国家的刑事诉讼领域，目的是控制警察适当地行使公权力，以免损害公民的宪法性权利。从价值角度看，非法证据排除规则有三个方面的意义：①保护公民基本权利不受侵犯；②避免"被污染"证据对法律的破坏，维护判决的纯洁；③抑制违法收集证据，维护当事人诉讼权利。在民事诉讼中，非法证据要不要受到排除？如何排除？这始终是存在争论的。英美法系国家一般都设置了相应的民事证据排除规则。在大陆法系国家对证据能力或证据取舍标准不事先予以规定，而是交由法官在审理中根据采纳证据是否会对审判造成不公正的影响，从而具体行使裁量权将其排除。例如日本采用利益衡量说，认为只有取证行为具有重大违法因素，其相关的证据才受到排除。非法证据排除规则的适用必然会带来法律后果，主要包括实体法上的后果和证据法上的后果。实体法上的后果表现为行为人对实体法律责任的承担，如果在民事诉讼中对于证据的合法性判断涉及刑事责任的追究，审理民事案件的法官或检察官则应中止程序，将与非法证据有关的刑事案件移送给侦查机关先行处理；如果属于侵权责任事项，则可以告知当事人可以另行起诉。证据法上的后果表现为证据受到排除或限制，如果案件不移送侦查机关或者当事人不予起诉，司法机关即自行依据排除规则对非法证据做出判断，从而排除其使用。

（二）我国民事非法证据排除规则的现状

我国理论及实务界对民事证据是否适用非法证据排除规则持不同意见。法律界普遍认为，1995 年最高人民法院出台的《关于未经对方当事人以及检察人员同意私自录音取得的资料能否作为证据使用问题的批复》（以下简称《批复》），首次规定了我国最早的民事证据排除规则。《批复》指出：证据的取得首先要合法，只有经过合法途径取得的证据才能作为定案的根据。未经对方当事人同意私自录制其谈话，系不合法行为，以这种手段取得的录音资料，不能作为证据使用。《批复》将录音取得的证据资料的合法性标准严格限定在需经对方同意，曾经引起广泛争议。随着司法实践和理论的发展，这一解释逐渐显示出其不适应性。《民事证据规定》第 68 条规定：以侵害他人合法权益或者违反法律禁止性规定的方法取得的证据，不能作为认定案件事实的依据。《民事证据规定》对民事非法证据的排除作出了更加合理的规定，照此规定，除以侵害他人合法权益或违反法律禁止性规定的方法取得的证据外，其他情形所取证据不得视为非法证据。这也就意味着诸如以合法手段取得并有其他证据佐证、无疑点的录音等视听资料，具有证据效力。《民事证据规定》实际上是以民事司法解释的方式明确肯定了民事诉讼中的非法证据排除。"以侵害他人合法权益或者违反法律禁止性规定的方法取得的证据"，主要包括以下几种：第一，以"违反法律禁止性规定"的手段获取的证据。为避免非法证据的不当扩大使用，这里的法律，应该是指狭义上的法律，即仅指全国人民代表大会及其常务委员会制定通过的规范性文件。如采取绑架、抢劫、抢夺，非法限制他人的人身自由、打击报复等方法所收集的证据，这些证据由于违反了刑法的规定而成为非法证据。第二，采用偷拍、偷录等秘密手段获取的证据。如一方当事人未经对方或者第三人的同意，私自偷录、偷拍彼此间的谈话内容，或者对他人进行监听、监视而获取的证据。通过窃听、录音、录像等秘密手段而取得的证据，对公民的隐私权、人格尊严等基本人权造成了一定的侵犯，因而属于非法证据。第三，私人侦探收集的证据。近几年来，我国北京、上海等城市陆续出现了私人侦探性质的事务所，这些事务所的业务是接受当事人的委托进行民事事务的调查，主要是调查配偶与第三者的关系。至于私人侦探所收集的证据是否应该排除不能一概而论。第四，"陷阱取证"而获得的证据。陷阱取证主要是在刑事诉讼中常用的一种方法，具体包括犯意诱发型和机会提供型两种取证方式。而在民事诉讼领域，陷阱取证是指采取主动诱惑他人进行侵权的方式而收集的证据。目前，"陷阱取证"主要发生在知识产权纠纷案件中。如在软件侵权诉讼中，原告一方以买主的身份到被告所在公司要求安装盗版软件，以此而获得的证明被告盗版的证据。第五，"毒树之果"。此类证据的取得程序或手段并不违法，但是此类证据是在非法证据的基础上而取得的。如通过欺骗、引诱的手段获得了某一实物证据，又在该实物证据的基础上获得了其他的合法的证据。在这里，实物证据即为"毒树"，而后来获得的其他证据即为"果"。

《民事证据规定》第 68 条规定，以侵害他人合法权益或者违反法律禁止性规定的方法取得的证据，不能作为认定案件事实的依据。该规定对于明确我国民事诉讼中非法证据的判断标准是一个巨大进步。首先，它第一次比较全面地界定了非法证据的概念，确立了我国民事非法证据排除规则的判断标准，即以证据的取得是否"侵害他人合法权益或者违反法律禁止性规定"为标准。其次，该规定是在《批复》基础之上的一大进步，它对于证据的合法性标准有所放宽，比较符合现实。但是，《民事证据规定》规定得较为抽象，对非法证据的判断标准规定仍不明确，在实践中的可操作性不够强。如他人的"合法权益"界定不够明确。这里的"权益"指的是实体性权益还是也包括程序性权益？如果所有的权利和非权利的权益都属于这里规定的"合法权益"，排除的范围是否会过于广泛？《民诉法解释》第 106 条对于民事诉讼非法证据作了规定：对以严重侵害他人合法权益、违反法律禁止性规定或者严重违背公序良俗的方法形成或者获取的证据，不得作为认定案件事实的根据。在本条中，"违反法律的禁止性规定"仍然作为判断标准，而《民事证据规定》中，"侵害他人合法权益"的标准，在本条中被表述为"严重侵害他人合法权益"，即对侵害他人合法权益提出了程度上的条件即要达到严重的程度，一定程度上体现了利益衡量的因素。这意味着对他人合法权益造成一般性侵害的，不会导致证据被排除，因此非法证据的判断标准有所放宽。此外，本条中还增加了"严重违背公序良俗"的情形。由于审判实践中一直以侵权行为的构成作为判断取证方法是否构成"侵害他人合法权益"的标准所涵盖，故"严重违背公序良俗"是指证据在形成或者获取过程中并无对他人合法权益的明显损害，但其形成或者取得的构成本身违背公序良俗的情形。

（三）非法证据排除规则的完善建议

《民诉法解释》第106条的规定尽管完善了我国民事诉讼非法证据的界定标准，但是笔者认为，为了司法的统一性，民事诉讼中非法证据判断标准应当进一步完善：

1. 确定实质判断标准

《民诉法解释》第106条的规定确定了我国民事诉讼中关于非法证据排除的标准之一为"严重侵害他人合法权益"。但是什么是"严重侵害他人合法权益"？笔者认为应该采用列举式，将"严重侵害他人合法权益"分为两种具体情形。一是采用刑事违法行为收集的证据，应当予以排除。比如采取抢劫、盗窃、抢夺、侵犯他人住宅等暴力方式取得的证据；采用非法限制他人人身自由、威胁、恐吓、打击报复等方式所收集的证据，应受排除。实践中常见的诸如买通相对方职员盗窃重要文件、盗窃他人保险柜获取的证据、未经允许破门而入实施时的所谓"捉奸举证"等，均属此例。二是采用侵犯他人人格权、隐私权、商业秘密等重要民事权益的方式所收集的证据。比如在他人住房或卧室内安装窃听器、摄像机，对他人的通话实施监听，用高倍望远镜偷窥他人住房内或工作室内的隐私，擅自开拆他人信函或其他邮寄物品等收集证据，未经企业许可越墙偷拍企业有关情况，等等。此外应当界定"违背法律禁止性规定所收集的证据"标准。此处的重大违法标准其实就是当事人的取证行为侵犯了公民的基本人权，避免了在实践中将通过轻微违法方式取得的证据也予以排除的情形。否则，将民事诉讼中非法证据的标准放得过宽，会使得原本取证能力就较弱的当事人的举证更加难上加难，从而无法实现案件在实体上的公正。

2. 增加例外情况

由于民事非法证据的判断标准一方面在保障公民的基本权利和自由以及程序正义方面起着重要的作用，另一方面也直接关系到当事人的实体权益和实体正义能否实现。同时，社会生活复杂多变，不同案件也往往有不同的情况。因此，为了保障个案中实体正义与程序正义的平衡，应当在法律中规定民事非法证据排除规则的例外情形。对此，我们可以借鉴英美法系国家的做法，特别是美国联邦高等法院确立的例外规定，确立我国民事非法证据排除的以下几项例外情形。第一，在出现紧急情况时的例外，即在某些特殊情况下，如情况非常紧急并且不具备合法取证的条件，如果不立即采取临时手段进行取证，将会导致证据灭失或者在今后难以取得。在此种情况下获取的证据材料，法官可以肯定其证据资格。但是，是否属于紧急情况要由取证人用证据加以证明，并由双方当事人进行质证。第二，善意的例外，即如果当事人取得的证据虽然有违法之嫌，但是其能证明自己是善意，那么可以被采纳为证据作为定案的根据。此处的善意应当是指当事人证明自己在取证之前并不知道或不应当知道取证手段违法，且客观上没有给对方当事人造成较大的损害，超出不应有的限度。第三，对方使用时的例外。在民事诉讼的过程中，一方当事人非法取证，但是对方当事人为了自己的利益首先使用了该非法取得的证据，即"受害人"自己先行使用了"非法证据"，那么此种情况下，根据民法中意思自治的基本原则，"非法证据"应当予以采纳，同时此非法证据也会发挥证明非法取证方当事人所要证明的事实的作用。第四，诉讼上自认的例外。在诉讼进行中，如果一方当事人对方当事人以非法手段取得的证据没有异议，那么此证据在诉讼中可以被采用。因为在民事诉讼中，诉讼上自认是免证事实的一种，所以在此种情况下，此种证据可以采纳。也就是说，法官不得依职权主动质疑民事证据的合法性。同时应当注意的是，此种自认必须是诉讼上自认，诉讼外自认应当不包括在内。

二、补强证据规则

（一）补强证据规则的概念与特点

补强证据规则是指某一证据不能单独作为认定案件事实的依据，只有在其他证据以佐证方式补强的情况下，才能作为定案的证据。补强证据规则起源于英国古代宗教法中的神示证据制度，是司法实践遵循法定证据制度的产物，是针对证据的证据力的规则。此规则最早产生于刑事诉讼领域，但其并不是仅仅适用于刑事诉讼法，现已越来越多地在民事诉讼领域被运用。在国外，补强规则通常适用于言词证据。在我国，需要补强的证据不仅包括言词证据，还适用于视听资料、书证、物证。并且由于我国民事诉讼中不存在对书证提出异议的特别诉讼程序，所以除了"未成年人所作的与其年龄和智力状况不相当的证言""与一方当事人或者其代理人有利害关系的证人出具的证言""无正当理由未出庭作证的证人证言"等言词证据之外，某些单独的书证或视听资料，如"无法与原件、原物核对的复印件、复制品""存有疑点的视听资料"，都需要其他证据予以补强。在审判实践中，要注意补强证据规则属于法定证据规则，它仅为法官独立心证提出了基本的要求，证据的证明力还需要法官的主观判断。当某一证据不能单独作为认定案件事实的依据时，还需要几个其他证据才能证明待证事实，法律是不可能规定出具体数目的。即使待证事实得以证明后，也必须由法官通过其自由裁量来判断案件事实的成立与否。

补强证据的特点是：第一，补强证据是具有独立来源的证据。补强证据是具有独立来源的证据，与主证据有着不同的来源。因此，补强证据不能够是需要补强的主证据的产物或复制品，如证人的两次证言，不得以一次证言来补强另一次证言。第二，补强证据具有证明案件事实的功能。补强证据与案件事实的关系与主证据相比，无论地位、作用或功能上均具有自己的特点。一方面，它与主证据证明的方向以及对象在某些方面或某种程度的重合、交叉，能增强主证据的证明力；另一方面，它能证明案件事实。一般情况下补强证据不能直接证明案件的主要事实，不像主证据那样证明的方向直接指向案件的主要事实，一般为间接证据。第三，补强证据必须是合法的，具有证据能力。非法证据不得作为补强证据。当其与主证据无法作出实质性区分时，不能作为补强证据。

(二) 我国民事诉讼补强证据规则的规定

《民事诉讼法》第 63 条规定，当事人的陈述为我国证据形式的一种。为此，当事人的陈述可以作为证据使用。《民事诉讼法》第 71 条规定，当事人的陈述都应当结合案件的其他证据进行审查，以确定能否作为认定事实的依据。根据我国民事诉讼法学界对当事人陈述的研究，学界一般把当事人的陈述分为当事人自己陈述的案件事实与法律意见两个方面的内容。很明显的是，当事人对法律观点的陈述并不能作为证据使用，其对法律观点的陈述也不能约束法官。因为适用法律是裁判者的职权范围，此为依法审判原则的要求。而当事人陈述中对事实的认可、承认，肯定也不属于被补强证据范围。因为该事实为免证事实，所以当事人的举证责任也就不存在。我国最高人民法院《民诉法解释》中规定：当事人对事实的承认构成自认，属于免证事实，但是涉及人身关系、其他人利益和社会公共利益的除外。因此，当事人陈述中排除其对法律意见的陈述和自认的部分，应属于补强证据补强的被补强证据的范围。例如在劳动关系确认的诉讼中，除了劳动者的陈述以外，劳动者提供了加盖有用人单位工作部门印章的操作证，该证据即从书证的角度补强了当事人的陈述，并属于支持性补强的范围。我国民事诉讼中的补强证据规则主要以列举被补强证据的形式出现。纵观我国的法律，关于补强证据的立法不是在一部法律中，而是散见在多部法律和相关的司法解释中，其中有一些是在司法改革在早已定义的"当事人主义"道路前进过程中做出的临时改革措施，而这种就事论事的做法很难兼顾规范体系的整体性和协调性。因此，在上位法和下位法之间、普通法和特别法之间，往往出现不一致甚至相矛盾的现象，导致对补强证据的规则的适用标准不一，理解不一。我国《民事证据规定》将证人证言、有疑点的视听资料、物证、书证都作为被补强证据，在其证明力具有瑕疵时，其不能单独作为认定案件事实的依据，需要其他证据来消除其证明力上的瑕疵。补强证据规则本身的法定性和强制性在某种程度上加重了法院的审查负担和当事人的举证责任。为此，补强证据规则必须要明确，防止转移司法正义的经济成本和正义得不到发现而发生的风险，把发现案件真实的风险交给当事人。再者，我国对于补强证据规则的适用范围的规定较为宽泛，也成为补强证据规则被滥用的原因之一。例如对于当事人陈述需要补强的范围，因为没有区分其中的案件事实和法律适用，因此在实践中法官的举证责任分配存在任意性，存在将不属于补强范围的内容加重在案件当事人身上的情形。

我国应该通过立法明确被补强证据的范围，以消除我国现存法律对此问题相矛盾的立法规定，增加法律规范在司法实践中的可操作性，消除同案不同判的现状。同时通过立法的形式予以明确也能解决现存法律规范效力等级不同的问题，消除不同法律部门争权现象的产生，从而使得全国对此问题有全面、统一的认识。

三、最佳证据规则

(一) 最佳证据规则的概念

最佳证据规则是指为证明书面文件、录音录像或照片等文书中的内容，当事人应当提供文件内容的原始证据的一种诉讼证明规则，具体内容是：提供原始文书的内容的目的是证明案件事实；当事人应当提供原始文书证明自己的诉讼主张；原始文书应优先于复制件提出；法官应当采纳原始文书内容作为认定案件事实的依据，法定情形下也可采用非原始文书证据形式。

最佳证据规则对于法院判断证据的真伪、保护当事人的合法权益具有重要意义：第一，以利于查明事实真相。正义不但要实现，而且要以看得见的形式实现。早期的原始证据规则，单纯或主要是为了追求实体真实而设立的，即以原始证据的形式最大可能的保障发现案件事实，以求得纠纷的公正公开的解决。因此要求在案件中提出文书原本，如果不能提供原本，在没有法定的理由或可信服的理由之前，不能使用其他替代物来代替文书原本。最佳证据与次级证据的分野就在于是否有利于保证真实性，是否有利于查明案件真实情况，以便于达到真正解决纠纷的目的。第二，防止错误或者欺诈行为的发生。文书证据的自然性质，其内容的真实性依赖于原始状态下的记载情况。如果在原始证据存在的情况下，允许其他形式的第二手证据，就可能因为证人记忆不准确或文件因欺诈目的被修改等而无法查明事实真相。第三，排除不相关证据。最佳证据规则是一个严格的判断，包含允许性和排除性两方面的内容。出于真实性的考虑，文书必须提供原本，否则在作出合理说明前，其他证据形式不可采，从而排除不相关的证据，有利审判的顺利进行。第四，促使人们保存证据。最佳证据规则是保证文书证据形式真实性的一种绝佳的技术设置。由于这一规则的存在使得人们在日常生活中注意保存和维护文书证据，避免了人们单纯地以主张或论述的形式将查明案件真实的压力推向审判机关，从而有利地推动和维护谁主张谁举证这一证明责任分担体系。

（二）我国法律关于最佳证据规则的规定

我国法律关于最佳证据规则的规定是，人民法院就数个证据对同一事实的证明力，可以依照下列原则认定：①公文书证的证明力一般大于其他书证；②物证、档案、鉴定结论、勘验笔录或者经过公证、登记的书证，其证明力一般大于其他书证、视听资料和证人证言；③原始证据的证明力一般大于传来证据；④直接证据的证明力一般大于间接证据；⑤证人提供的对与其有亲属或者其他密切关系的当事人有利的证言，其证明力一般小于其他证人证言。

参考文献

著作类

[1] 宝峰. 证据法之基本问题 [M]. 呼和浩特：内蒙古大学出版社，2015：30－37.

[2] 陈刚. 证明责任法研究 [M]. 北京：中国人民大学出版社，2000：25－28.

[3] 樊崇义. 证据法学 [M]. 5 版. 北京：法律出版社，2013：45－51.

[4] 莱奥·罗森贝克. 证明责任论 [M]. 庄敬华，译. 北京：中国法制出版社，2002：34－42.

[5] 王建平. 诉讼证据制度研究 [M]. 北京：人民法院出版社，2011：85－91.

[6] 杜万华，胡云腾. 最高人民法院民事诉讼法司法解释逐条适用解析 [M]. 北京：法律出版社，2015：43－51.

[7] 肖建国，包建华. 证明责任——事实判断的辅助方法 [M]. 北京：北京大学出版社，2012：75－83.

[8] 梁慧星. 裁判的方法 [M]. 北京：法律出版社，2012：25－31.

[9] 叶自强. 举证责任及其分配标准 [M]. 北京：法律出版社，1997：34－39.

[10] 江伟，肖建国. 民事诉讼法学［M］. 7 版. 北京：中国人民大学出版社，2015：40－51.

期刊类

[1] 袁中华. 证明责任分配的一般原则及其适用——《民事诉讼法》司法解释第 91 条之述评［J］. 法律适用，2015（8）：47－52.

[2] 秦蕾. 略论我国民事诉讼中的证明责任倒置［J］. 淮阴工学院学报，2008（4）：24－28.

[3] 马天骄. 举证责任分配中的法官自由裁量权——以大规模侵权案件为视角［J］. 山东青年政治学院学报，2012（1）：97－102.

[4] 白洁，殷冀锋. 医疗纠纷民事诉讼举证责任倒置原则价值探析［J］. 武汉大学学报（哲学社会科学版），2007（6）：829－833.

[5] 毛积鑫. 浅议民事举证责任分配问题［J］. 学习论坛，2009（2）：78－80.

[6] 范忠文. 中国民事诉讼证明责任分配制度的现状及存在的问题［J］. 学理论，2012（12）：70－71.

[7] 肖钦鑫. 民事诉讼的举证责任分配［J］. 法制与经济，2013（9）：64－65.

[8] 黎晓明. 从经济学角度小议民事诉讼中举证责任分配制度［J］. 现代商业，2012（8）：228＋227.

[9] 杨翠萍. 论民事诉讼举证责任分配［J］. 辽宁公安司法管理干部学院学报，2013（1）：43－44.

[10] 陈琦. 我国民事证明责任分配规则研究［J］. 法制与经济，2013（6）：46－47.

[11] 陈刚. 证明责任概念辨析［J］. 现代法学，1997（2）：32－37.